HANS DONAT · AUSSENBORDER

W0044733

HANS DONAT

Außenborder

kaufen · fahren · pflegen · reparieren

DELIUS KLASING VERLAG

Von Hans Donat erschienen
im Delius Klasing Verlag folgende Titel:

Ausbau von Bootsrümpfen
Sicherheit und Technik auf Segelyachten
Signaltafeln
Tafeln Seemannschaft
Yacht-Bordbuch
Außenborder
Bootsmotoren – Diesel und Benzin
Kleine Boote selbst gebaut
Mehr Meilen mit weniger Sprit
Motorsegler
Schiffe aus zweiter Hand

7. Auflage

ISBN 3-87412-047-3

© Copyright by Klasing & Co GmbH, Bielefeld
Printed in Germany 1989
Umschlag: Siegfried Berning
Zeichnungen von Hans Donat, bearbeitet von Renate Schmidt (Quellen z. T. von
den Firmen: Archimedes, Bosch, Champion, Evinrude, Johnson, König, Mariner,
Mercury, Selva, Suzuki, Tohatsu, Tomos, Varta, Volvo, Yamaha und Zündapp).
Druck: Ludwig Auer GmbH, Donauwörth

Inhaltsverzeichnis

Motorkauf 8
Der richtige Motor für Ihr Boot 8
Auswahl des Motors 10
Fachberatung und Probefahrt 18
Leistungsvergleich 20
Benzinverbrauch 21
Tankgröße 22
Sicherheitsausrüstung 26
Zubehör für Motoren 27

Richtig fahren 28
Kraftstoffgemisch 28
Anbringen des Motors 30
Erster Start 31
Einstellung Motor/Boot 37
Geschwindigkeitsmessung 41
Einstellung des Motors 44
Transport des Motors 46
Hilfsantrieb auf Segelbooten 47
Notmaschine auf Motoryachten 50
Seemannschaft mit dem Motor 50
Fehlersuche 51

Pflege und Wartung 60
Laufende Pflege und Wartung 61
Zündkerzengesicht, Diagnose der Verbrennung 62
Winterlager 66
Pflegemittel 72

Reparatur und Instandhaltung 76
Zehn Gebote für vernünftige Reparatur 77
Sicherheitsreparaturen 77
Ausgerissene Gewinde 90
Sicherung von Schrauben und Muttern 90
Ersatzteile und Werkzeug 91
Motor über Bord 93
Notfall und Notreparatur 95
Gefahrenreparatur 95

Anatomie der Außenborder 97

Stichwortverzeichnis 116

Einführung

Mit steigendem Umwelt- und Energiebewußtsein waren auch die Hersteller der Außenborder gefordert. Der Zweitakter der frühen 70er Jahre lief noch mit einem Gemisch von 25:1. Seither ist von seiten der Motoren-Hersteller aber einiges passiert. Man hat den Außenborder im Sinne sauberer Umwelt salonfähig gemacht. Der Außenborder ist umweltfreundlicher geworden. Die Zweitakter unter den Außenbordern, und das sind 99,5%, fahren heute mit einem Gemisch von 100:1 bzw. Öleinspritzung, biologisch abbaubarem Öl und bleifrei. In den letzten 3 bis 4 Jahren ist man daran gegangen, diesem sehr beliebten Kompaktmotor das Schlucken abzugewöhnen. Mit Erfolg! In den neuesten Unterlagen einiger Motorenhersteller sind Verbrauchswerte veröffentlicht, die dazu angetan sind, das Image des Außenborders aus der Sicht des „zu hohen Verbrauchs" aufzubessern. Ein moderner 50 PS Motor verbraucht demnach bei Vollast nur noch um die 20 Liter pro Stunde (vor etwa 5 Jahren über 25 l/h). Spezifisch ausgedrückt sind das „nur noch" 380 g/kWh (280 g/PSh). In Litern ausgedrückt ergibt die Rechnung nur noch ca. 0.52 l/kWh. Das sind gut und gerne 20 bis 25% weniger als vor 5 Jahren. Das Ende dieser Entwicklung ist auch noch nicht erreicht, da schon die Einspritzung in den oberen Leistungsklassen Einzug hält. Die Entwicklung geht besonders beim Außenborder in Richtung mehr Elektronik im Sinn von besserer Überwachung mit Blick auf Wirtschaftlichkeit, größere Lebensdauer und Sicherheit. Das kostet zwar alles viel Geld, reduziert aber insgesamt den Ärger. Eine weitere positive Entwicklung, kaum sichtbar, da im Detail, führt ebenfalls zu größerer Lebensdauer und weniger Pflege – leicht korrodierende Teile werden in zunehmendem Maß durch widerstandsfähigere ersetzt.

Ebenfalls positiv einzuschätzen ist die Tatsache, daß sich mehr Propeller-Bewußtsein durchgesetzt hat, was ebenfalls mit weniger Kraftstoffverbrauch gleichzusetzen ist, und dies erfreulicherweise auf beiden Seiten, sowohl auf seiten der Verkäufer wie auf seiten der Benutzer.

Problematisch ist immer noch das dem Anfänger vermittelte Gefühl, der Außenborder sei nur eine Kaffeemaschine: festschrauben, ziehen oder drücken und los! Dieses Bild verändert sich bei mangelnder Pflege und Wartung sehr schnell, wenn der Handstarter zum Bodybuilder für die Oberarm-Muskulatur geworden ist. Das Service-Heftchen mit den vielen Händlern als Beruhigungspille ist am Wochenende kaum zu gebrauchen. An den meisten Service-Werkstätten hängen Schilder mit „Wochenende geschlossen". Doch da der Außenborder ein Bootsantrieb ist, dessen Zuverlässigkeit für die Sicherheit von Boot und Besatzung von entscheidender Bedeutung sein kann, ist das Verhältnis des Eigners zu seinem Motor viel wichtiger. Die Sicherheit eines Bootsantriebs zumindest im Küstenbereich ist nur dann gewährleistet, wenn der Eigner den

● richtigen Motor für sein Boot hat
● ihn entsprechend zu handhaben versteht und
● in der Lage ist, möglicherweise auftretende Defekte in einem bestimmten Umfang mit Bordmitteln zu beheben.

Damit ist der Umfang dieses Buches umrissen. Es ging mit nicht darum, Sie mit viel Theorie zu konfrontieren, sondern in kurzer, einfacher Form Praxis zu vermitteln, dem Erstkäufer und den Besitzern von kleinen und mittleren Motoren zu helfen, Fehler zu vermeiden, durch richtige Fahrweise, Pflege und Instandhaltung unnötige Kosten zu sparen und die Zuverlässigkeit und Lebensdauer auf einem Optimum zu halten.

Aus den Erfahrungen eines Langzeittests, den ich in den vergangenen Jahren für die Zeitschrift b o o t e fuhr, läßt sich sagen, daß Außenborder bei richtiger Handhabung und Pflege in den ersten fünf bis sechs Jahren keine schweren Defekte zeigen und Reparaturen kaum nötig haben.

Hans Donat

Motorkauf

Der richtige Motor für Ihr Boot

Der Außenborder ist eine sehr kompakte Antriebseinheit. Seine Vorteile liegen auf der Hand.

Außenborder arbeiten nach dem Zweitakt-Prinzip. Ventile und deren Steuerung entfallen. Das ermöglicht eine leichte und kompakte Konstruktion. Man muß sich vor Augen halten, daß in einem Außenborder Ruder-, Wellen- und Motoranlage in eine Einheit zusammengeschrumpft sind. Die Manövrierfähigkeit ist, solange der Propeller dreht, ausgezeichnet, da man nicht mit einem drehbaren Ruder, sondern mit dem gedrehten Propeller direkt steuert. Durch Hochklappen des Motors kann man ganz an Ufer und Strände fahren und schließlich den Motor zum Transport des Bootes oder zur Pflege abnehmen.

Seine Lebensdauer ist enorm. Die Defektanfälligkeit wurde im Lauf der Jahre immer weiter herabgedrückt. „RICHTIG" gepflegt und gewartet, hält er, ohne an Zuverlässigkeit zu verlieren, zehn und mehr Jahre. Allerdings muß man gegenüber dem 4-Takter mehr Treibstoffverbrauch in Kauf nehmen, da der Gaswechsel nicht in dem Maß möglich ist, wie beim ventilgesteuerten Motor.

Die viel diskutierte Sicherheit ist beim Außenborder so lange gegeben, solange er offen am Spiegel hängt, und der Tank im offenen Cockpit steht. Doch auch auf Segelbooten kann man ihn so installieren und stauen, daß keine Gefahr der Explosion besteht.

Wenn Sie zu der Meinung neigen, daß im weiteren dieses Kapitels gesagt werden müßte, welche Motormarke Sie kaufen sollen, werden Sie enttäuscht sein. Viel wichtiger, als die „relativ geringen" Vor- und Nachteile der technologischen und konstruktiven Unterschiede der führenden Außenbordmotorenmarken, sind ganz andere Gesichtspunkte. Zwar ist die Entwicklung dieser Motoren an einem Punkt angekommen, an dem sie nicht mehr so stürmisch wie in den vergangenen zwanzig Jahren verläuft, doch reicht es aus, um unter Umständen das heute über eine Marke Gesagte morgen vielleicht schon in Frage zu stellen.

Obwohl die Unterschiede der zur Zeit auf dem Markt befindlichen Motoren, bezogen auf die Drehzahlen, nicht besonders groß sind, sollte man einen Vergleich nicht außer acht lassen. Für leichte Boote kann man hohe Drehzahlen bei kleinem Hubvolumen je kW und für schwere Boote niedrige Drehzahlen bei großem Hubvolumen je kW kaufen.

Auch die Getriebe werden weitgehend mit ca. 1.8 bis 2.5:1 untersetzt, wenn verschiedene Untersetzungen möglich sind:

● für leichte Boote in Richtung 1:1 und
● für schwere Boote in Richtung 3:1 wählen.

Die Preise schwanken im Leistungsbereich von 10–40 kW von Marke zu Marke bis zu 40%. Ein Preisvergleich parallel zur Auflistung der technischen Merkmale und des Ausrüstungsumfangs lohnt sich immer.

Verglichen mit den übrigen Bootsantrieben hat der Außenborder bis in den oberen Leistungsbereich von etwa 80 kW klare Preisvorteile.

Läßt man die Frage der Lebensdauer sowie des Verbrauchs außer Acht und vergleicht nur den Anschaffungspreis, läßt sich ungefähr folgende Faustregel aufstellen:

● Leistungsbereich 80 kW und mehr

Dieselmotor mit Z-Antrieb	100%
Benzinmotor mit Z-Antrieb	70%
Außenborder	70%

● Leistungsbereich um 20 kW

Dieseleinbaumotor	100%
Benzineinbaumotor	70%
Außenborder	50–30%

Bei einem Vergleich des Angebots lohnt es, die Tatsache in Betracht zu ziehen, daß die Motorenhersteller besonders im kleinen Leistungsbereich jedes Jahr bestimmte Motoren besonders preiswert anbieten.

Zu warnen ist jedoch immer wieder vor irgendwelchen Eintagsfliegen, die da und dort auf dem Markt auftauchen, für die man jedoch schon nach einigen Monaten keine Ersatzteile mehr auftreiben kann.

Auswahl des Motors

Es sind in erster Linie drei Faktoren, die für den Kauf des Motors entscheidend sind:

● Sie müssen genau wissen, welchen Spaß Sie haben wollen und welchen Sie sich leisten können.

● Der Motor und das Boot müssen, dem gewünschten Zweck entsprechend, optimal aufeinander abgestimmt sein.

● Vor dem Kauf muß geprüft werden, ob man in der Nähe des Hausreviers sowie in den vorgesehenen Fahrgebieten eine geeignete Reparaturwerkstatt und ein Ersatzteillager vorfindet.
Der Markt bietet Außenborder bis etwa 230 kW (310 PS). Damit ist die obere Grenze festgelegt.

Der Markt bietet Außenborder bis etwa 230 kW (310 PS). Damit ist die obere Grenze festgelegt.
Greifen wir die am häufigsten vertretene Bootsgruppe heraus. Es ist das Motor-Sportboot, das als Gleiter konzipiert, durch den Außenborder angetrieben wird. Hier gibt es „in vernünftigen Grenzen" Boote von 3,80 bis etwa 5,20 m Länge. Die Boote haben vier und mehr Sitze und werden mit Lenkrad und Fernschaltung gefahren. Da es sich fast ausnahmslos um Gleiter handelt, braucht man relativ viel Motor, um sie ihrem Verwendungszweck entsprechend fahren zu können. Untermotorisiert nützt man sie erstens nicht aus und hätte zweitens ein Boot mit gleichem Komfort für weniger Geld kaufen können, das außerdem, der kleineren Antriebsleistung entsprechend, bessere Fahreigenschaften gehabt hätte.

Übermotorisiert wiederum hat man zu viel Motor gekauft, da man ihn nur mit stark vergrößertem Sicherheitsrisiko ausfahren kann. Für das normale Tourengleiten muß man den Motor so stark wählen, daß man mit dem Heck gut rauskommt und bei halbem bis dreiviertel Gas um

Zum Antrieb eines Bootes stehen grundsätzlich drei Antriebsarten zur Verfügung, wenn man Segel- und Wasserstrahlantriebe in diesem Zusammenhang außer acht läßt. Das sind Außenborder, Z-Triebe und Einbaumotoren mit konventionellen Wellenanlagen.

(1) Bis etwa 4 kW hat man gar keine andere Möglichkeit, als mit Außenbordern anzutreiben. Ab 4 kW gibt es vereinzelt Boote mit Einbaumotor, das sind kleine Verdränger (auch Segelboote), doch der Außenborder bleibt dominierend.

(2) Bei 8 kW macht der Einbaumotor einen kleinen Sprung. Es handelt sich um den Bereich, in dem Segelkreuzer die Trailerbarkeit verlieren und das Gewicht der Einbaumaschine nicht mehr die entscheidende Rolle spielt.

(3) Bis ca. 55 kW werden, sieht man von Segelbooten ab, fast 100% aller Sportboote mit Außenborder angetrieben. Danach steigt die Verwendung des Z-Triebs sehr schnell an und verdrängt ab ca. 80 kW den Außenborder fast ganz. Das Gewicht der Maschine verliert seine Bedeutung, man gibt dem geringeren Verbrauch des 4-Takters den Vorzug.

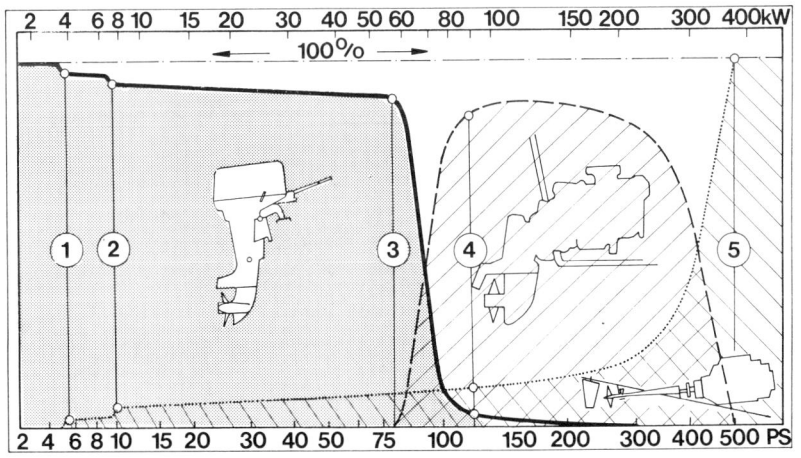

(4) Kommt man in den Bereich von etwa 100 kW und würde die Verdränger (auch Segelboote und Motorsegler) ausklammern und nur den Bereich der Gleiter und Halbgleiter betrachten, hätte der Z-Trieb 100%.

(5) Ab 250 kW nimmt dann die beherrschende Stellung des Z-Triebs stark ab, und mit zunehmender Leistung dominiert die Einbaumaschine mit konventionellen Wellenanlagen. Sie erreicht bei ca. 370 kW 100%.

35 km/h fährt. In diesem Fall kann man etwa davon ausgehen, daß der Motor genauso viel wie das Boot kostet, wobei natürlich ein Unterschied zwischen dem gemütlichen Gleiten (gerade noch gleiten) und sportlichem Fahren oder Wasserskizug zu machen ist.

Bei Verdrängern kann der Motor um ein Vielfaches kleiner sein. Nimmt man beispielsweise ein Segelboot, das einen Außenborder als Hilfsmotor fährt, reichen für ein 1000 kg schweres Boot 4 bis 8 kW (5 bis 11 PS) Nennleistung. Für kleine offene Boote, die zum Angeln, Jagen oder zum Schippern verwendet werden, nimmt man maximal 11 kW, damit die Schale oder das kleine Schlauchboot unter Umständen, mit ein oder zwei Personen besetzt, noch gerade ins Gleiten kommt.

Will man jedoch Wasserski laufen, braucht man mindestens 18 kW (ein leichtes, geeignetes Boot vorausgesetzt). Mit dieser Leistung könnte man einen mittelschweren Skiläufer mit etwa 30 km/h ziehen, was gerade die Grenzgeschwindigkeit für Rutschen auf Skiern ist. Für sportliches Wasserskifahren braucht man 30 kW und mehr. Man geht davon aus, daß die Schleppgeschwindigkeit über 45 km/h liegen muß, um all das zu tun, was man Wasserskilaufen nennt.

Diese Überlegungen kann man analog auch auf Kajütboote übertragen. In dieser Planung sollte man jedoch mit dem Boots- und Motorenkauf nicht an die Grenze seiner Finanzkraft gehen, da man für die seemännische und Sicherheitsausrüstung auch noch ein ganz schönes Stück Geld hinblättern muß. Außerdem sollte man den in einem Sommer entstehenden Treibstoffverbrauch nicht aus dem Auge verlieren.
Normalen Familienbetrieb vorausgesetzt, fährt der Durchschnittseigner von Motorbooten 50 Stunden je Sommer. Damit sind die reinen Laufstunden des Motors gemeint. Es läßt sich also sehr leicht ausrechnen, wieviel Benzin und Öl in etwa für einen Sommer verbraucht werden. Der letzte entscheidende Punkt, die Reparaturwerkstatt und das Ersatzteillager in der Nähe des Hausreviers und dem Urlaubsort zu haben, wird sicher jedem einleuchten. Es ist zwar recht gut bestellt um die Zuverlässigkeit der Außenborder, doch wenn er nicht mehr will, gehen

unter Umständen die ohnehin knappen Sommerwochen ins Land, ohne daß man in der Lage ist, das Ersatzteil aufzutreiben oder jemanden zu finden, der es einem fachgerecht einbaut. Unter diesem Gesichtspunkt verblaßt in vieler Hinsicht die Frage, welche Motorenmarke man kaufen soll. Nur die namhaften Hersteller bieten ein „relativ" enges Netz von

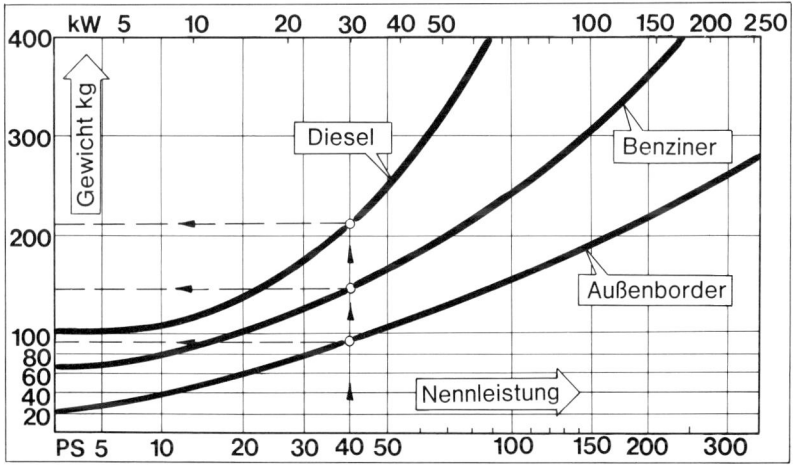

Diese Grafik zeigt einen Gewichtsvergleich der verschiedenen Bootsmotoren und damit gleichzeitig einen der entscheidendsten Vorteile des Außenborders. Er ist gegenüber der Einbaumaschine zwei- bis fünfmal so leicht. Wenn Sie zu einer bestimmten Leistung das Gewicht ermitteln wollen, gehen Sie auf der waagerechten Skala bis zur entsprechenden Nennleistung, ziehen eine Senkrechte bis zum Schnitt mit der gewünschten Kurve und vom Schnittpunkt eine Waagerechte nach links zur Gewichtsskala. Eingezeichnetes Beispiel: Motor 30 kW (40 PS); Gewicht: Außenborder ca. 90 kg, Benziner ca. 150 kg, Diesel ca. 220 kg.
Einen 18-kW-Motor (ca. 36 kg) kann man noch gut auf die Schulter nehmen und relativ problemlos auf die Spiegel hängen. Darüber wird man zwei Mann brauchen, um den Motor zu transportieren. Ein Motor-Kuli wird in diesem Fall sehr nützlich. (Siehe Kapitel Pflege.)

Die Grafik bietet die Möglichkeit, die Motorisierung für Boote mit Außenbordern in sicheren Grenzen zu wählen.

X*-Kurve: sichere Leistung für Boote mit Lenkung und Spiegelhöhe über 510 mm.*

Y*-Kurve: sichere Leistung für Boote ohne Lenkung oder Spiegelhöhe unter 510 mm bzw. Knickspant und flachem Boden.*

Z*-Kurve: für Boote, die nicht in Gruppe B passen.*

Die Kurve Y kann man auch als empfehlenswerte Nennleistung für Normalbetrieb von Gleitern betrachten. Wer besonders sportlich fahren will, muß natürlich mit der Motorisierung in Richtung Kurve X gehen. Kurve Z kann man gleichzeitig als Mindestmotorisierung für kleine, leichte Gleiter betrachten, geht man darunter, ist gleiten kaum noch möglich.

Bei 10 kW Leistung laufen alle drei Linien zusammen, da man dann nicht mehr nach Bootsart differenziert.

So wird's gemacht: Man rechnet die Länge x Spiegelbreite in der Wasserlinie aus und zieht im entsprechenden Punkt von der waagerechten Skala eine Senkrechte zu den Kurven des Diagramms. Vom Schnittpunkt mit der gewählten Motorisierung (Höchstleistung, ½ Höchstleistung, ¼ Höchstleistung) zieht man eine waagerechte Linie und erhält auf diese Weise an der linken Skala die Nennleistung des Motors in PS und an der rechten Skala die Nennleistung in kW.

Das eingezeichnete Beispiel bezieht sich auf ein Boot mit einer Länge von 4,30 und einer Breite von 1,80 m. Das Boot hat eine Spiegelbreite von 1,50 m. Das Produkt aus L x B = 6,5. Die eingezeichneten Punkte geben die einzelnen Motorleistungen an.

A *= ca. 13 kW als kleinste vernünftige Motorisierung für einen leichten Tourengleiter, der gerade noch gleiten will.*

B *= ca. 18 kW als wirtschaftliche und empfehlenswerte Motorisierung für Normalbetrieb.*

C *= ca. 38 kW für sportlichen Betrieb (gilt gleichzeitig als empfohlene Höchstleistung).*

Es gehört zu acht Booten, die wahllos aus ,,Klasings Bootsmarkt'' gegriffen wurden und ist das einzige, für das die von der Werft angegebene höchste Motorisierung mit dem Diagramm übereinstimmt. Alle anderen Boote (siehe schwarze Punkte) liegen, wenn man sie mit der von der Werft angegebenen Höchstmotorisierung bestücken würde, etwa 30% höher. Demnach sind sie als sehr stark übermotorisiert zu bezeichnen. Schon die im Diagramm angegebene Höchstleistung erfordert einen erfahrenen Steuermann.

Mit dem hier ermittelten Wert gehen Sie in das Diagramm Seite 15 und ermitteln dort die wahrscheinliche Geschwindigkeit für Ihr Boot.

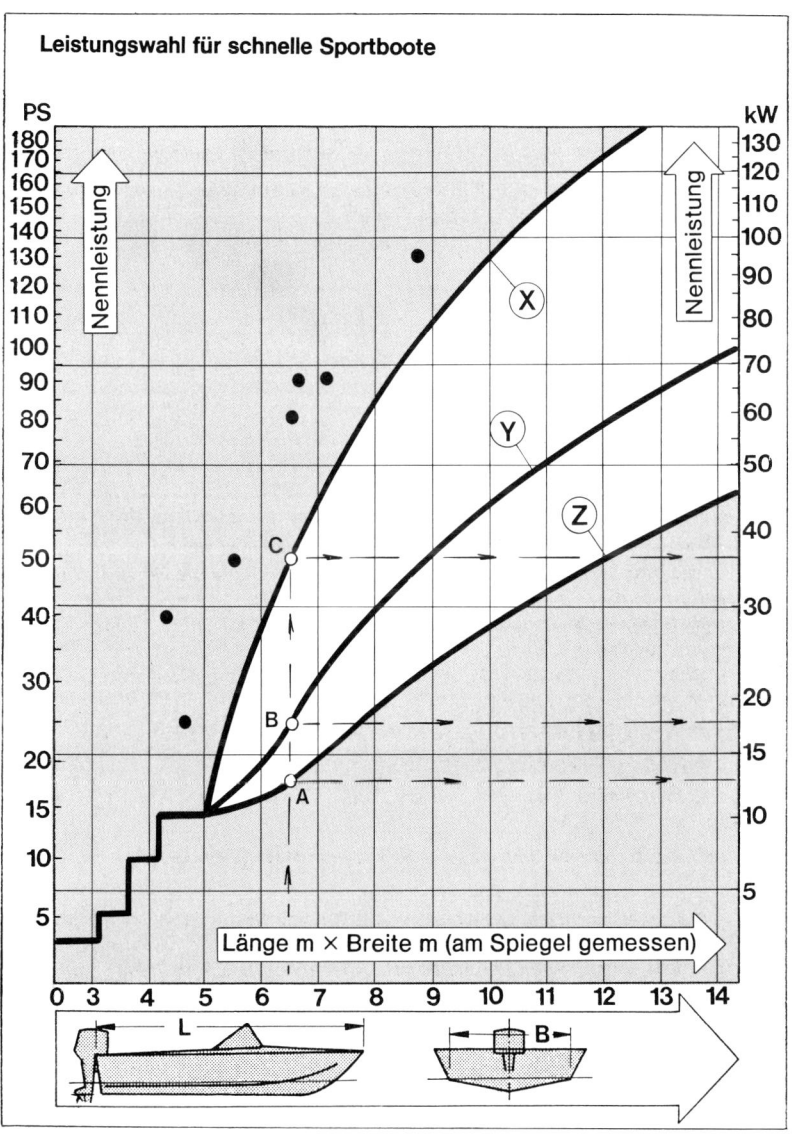

Leistungswahl für schnelle Sportboote

PS / kW

Nennleistung

X
Y
Z

C
B
A

Länge m × Breite m (am Spiegel gemessen)

L   B

15

Das Schaubild auf Seite 13 (nach Marconi) läßt eine Geschwindigkeitsschätzung zu, die zwar nicht die Rumpfform genau berücksichtigen kann, sich aber mit der Summe* von Länge und Breite und dem Leistungsgewicht als sehr realistisch erweist, eine gute Gleiterrumpfform vorausgesetzt.
Der Vorteil: Man kann die Zuladung des Bootes berücksichtigen, was bei Booten dieser Größenordnung 100% und mehr sein kann.
Das eingezeichnete Beispiel (A) bis (F) macht das klar.

1. Die Summe von L + B = 4,50 m + 1,80 m = 6,30 m wird auf der unteren Skala eingetragen und an dem entsprechenden Punkt eine Senkrechte gezeichnet.

2. Je nach Fahrtgewicht errechnen Sie das Leistungsgewicht.

Leistungsgewicht =

$$= \frac{\textit{Fahrtgewicht kg}}{\textit{Propellerleistung kW}}$$

Von der Nennleistung ziehen Sie 20% ab und erhalten die Propellerleistung.

37 kW − 20% = 30 kW (wird als effektive Leistung bezeichnet).

3. Das Fahrgewicht =
Boot	*250 kg*
Motor	*80 kg*
Tank	*25 kg*
1. Person	*75 kg*
	430 kg : 40
	= 14,3 kg/kW (A)
2. Person	*75 kg*
	505 kg : 40
	= 16,8 kg/kW (B)

3. und 4. Person oder ein Skiläufer
(2 x 75 kg)   150 kg
*   655 kg : 40*
*   = 21,8 kg/kW (C)*

Sie können entweder mit einer gegebenen Leistung die Geschwindigkeiten für verschiedene Belastungszustände ungefähr ermitteln oder aber aufgrund der angenommenen Gewichte und gewünschter Geschwindigkeiten die Motorleistung ausrechnen.
Die Werte gelten für Boote mit V-Boden und für Schlauchboote mit flachem Boden. Starre Gleiter mit flachem Boden sind ca. 10% schneller.
Als Propellerleistung wird die Nennleistung abzüglich 15–20% eingesetzt, es sei denn, Sie haben eine genauere Grundlage für die Verluste von der Nennleistung zum Propeller.
Beispiel: Die Maße des vorgesehenen Bootes sind Länge = 4,50 m, Breite = 1,80 m, Gewicht = 250 kg.

In unserem Beispiel ist das:
(A) mit einer Person = 49 km/h
(B) mit zwei Personen = 47 km/h
(C) mit vier Personen oder zwei Personen mit einem Wasserskiläufer = 42 km/h
Mit der halben Höchstleistung:
(D) mit einer Person = 37 km/h
(E) mit zwei Personen = 34 km/h
(F) mit vier Personen oder zwei Personen mit einem Wasserskiläufer = 31 km/h

---

* Achtung: Auf Seite 12/13 ist es Länge x Breite.

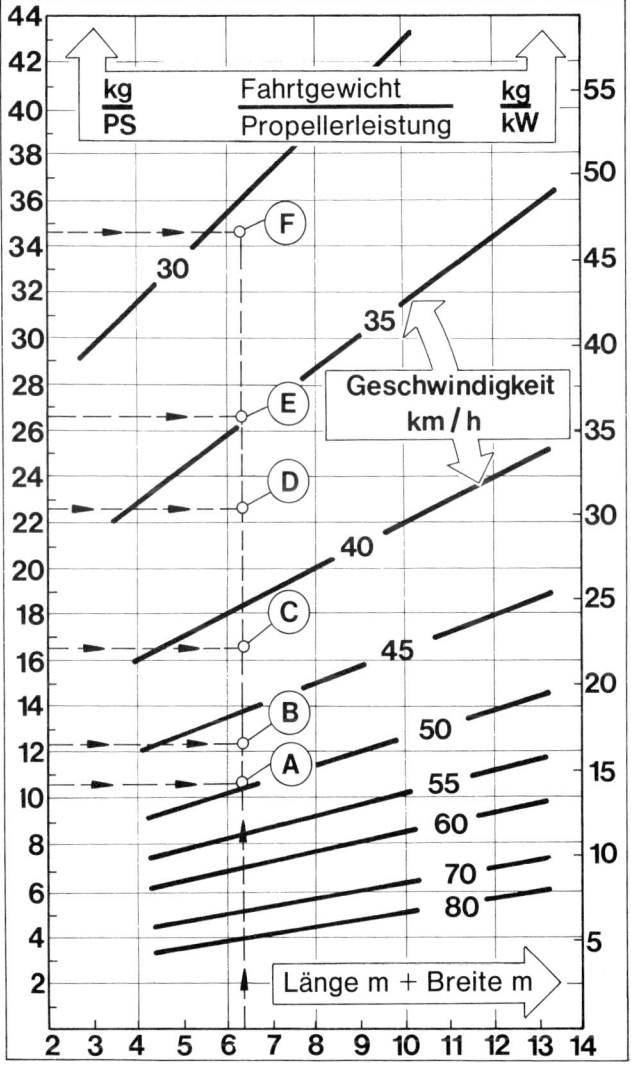

Werkstätten mit Ersatzteillager, ihre Motoren sind auch für viele Jahre ohne Defekt zu fahren, wenn man sie richtig fährt, pflegt und instand hält.

Fachberatung und Probefahrt

Kaufen Sie den Motor am besten bei einem Fachhändler, der bereit ist, wenn es sich um Ihren ersten Motor handelt, Ihnen die Funktion der Maschine im Testbecken, oder wenn er einen Wasserliegeplatz hat, am Boot zu zeigen.

Zwar tut jeder Händler für Geld vieles, doch gerade beim Erstkauf von Motoren ist es bei seriösen, gut ausgerüsteten Fachwerkstätten Usus, diesen Service kostenlos zu bieten.

Es wird weitgehend eine Frage der Kaufatmosphäre sein, wie weit Ihnen der Fachhändler entgegenkommt. Ist er zu keinerlei Service in dieser Art bereit, sollten Sie sich die Frage stellen, ob nicht auch bei späterer Wartung derlei Mangel an Kulanz auftreten würde, und ob er unter diesen Bedingungen wohl der richtige Partner für Sie ist.

Weiter sollten Sie, sofern Sie es für erforderlich halten, bei der Übernahme des Motors die Bitte äußern, ob Sie bei der Erstinspektion nach der Einlaufzeit, zumindest für den Lauf im Testbecken, dabei sein dürfen. Das sollte bei einem gut geführten Betrieb möglich sein. Gleichzeitig sollten Sie versuchen, für den Motor im voraus eine Betriebsanleitung zu bekommen, die Sie dann schon, durch die praktische Demonstration, mit ganz anderen Augen lesen können. Das verkürzt später die Prozedur des ausführlichen Lesens vor dem Antritt der ersten Fahrt. Gleichzeitig können Sie sich die Punkte, die noch unklar sind, notieren und bei der Übernahme des Motors erfragen.

Bevor Sie sich endgültig für Boot und Motor entscheiden, ist eine Probefahrt mit dem Bootshändler sehr nützlich, bei der das Boot nach den für Sie in Frage kommenden Gesichtspunkten motorisiert ist.

Beladen Sie (gewichtsmäßig) das Boot so, wie es später bei Ihnen der Fall sein soll. Für das später zu erwartende Mehrgewicht der Ausrüstung usw. nehmen Sie eine zusätzliche Person an Bord. Sie müssen, bezogen auf die Abstimmung Boot + Motor, auf folgendes achten:

1. Erreicht das Boot die gewünschte Geschwindigkeit

2. Erreicht der Motor mit dem Propeller bei Vollgas die vom Hersteller genannte Drehzahl (falls nicht, Propeller wechseln).

3. (Gilt nur für Gleiter) Kommt das Boot bei voller Fahrt weit genug aus dem Wasser, so daß die Heckwelle ganz klein wird und nur noch vom Wasserabriß stammt? Spritzt der Motor seitlich Wasser in Form von Spritzwasser in die Luft? Lassen Sie sich sagen, in welcher Höhe zum Bootsboden die Kavitationsplatte am besten steht.

Diese Maße des Motors müssen zum Boot passen.
(1) Spiegelhöhe. Das Maß von den Klemmbacken bis zur Unterseite der Kavitationsplatte darf nicht kleiner sein als die Spiegelhöhe des Bootes. (Normalschaft = 360—380 mm, Langschaft = ca. 500 mm.) Der Kopf des Motors muß in Kippstellung in die Leckwanne im Bootsheck passen. (2) Länge der Wanne; (3) Tiefe der Wanne.

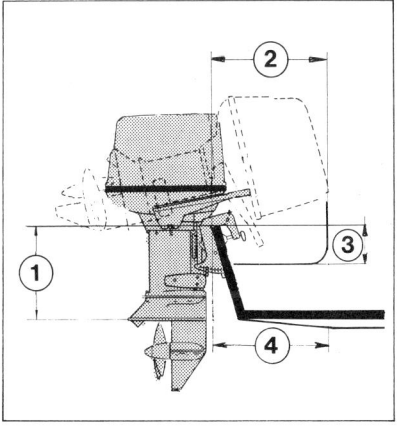

Ein Mittelkiel soll nicht ganz nach hinten führen, da er sonst den Wasserzulauf zum Propeller stört (4). Das Maß ist in der Betriebsanleitung angegeben, ca. 600—1000 mm. Vergleichen Sie auch die Breite des Spiegeleinschnittes mit der Kopfbreite des Motors. Das notwendige Maß steht ebenfalls in der Betriebsanleitung.

Leistungsvergleich

Das PS (Pferdestärke), definiert als 75 kgm/sec, existiert seit 1978 nach dem Willen des Gesetzgebers nicht mehr. Seine Nachfolge trat das Kilowatt (kW) an. Zum Umgewöhnen werden die Leistungsangaben der Motoren in Kilowatt (kW) und dahinter in Pferdestärken (PS) angegeben. Für einen Preisvergleich ist es notwendig zu wissen, in welcher Art oder nach welchen Normen die Nennleistung gemessen wurde. PS-Bezeichnungen in anderen Ländern sind fast gleich, da sie entweder nach der englischen oder der kontinentalen (metrischen) Definition eine ganz bestimmte Einheit bezeichnen (der Unterschied ist ca. 1,5%, d. h. 1 HP = 1,015 PS). Dieser Unterschied kann hier vernachlässigt werden. Es handelt sich um Leistungsangaben, die noch nicht auf das neue Maßsystem angepaßt sind*: HP (Horse Power – USA), BHP (British Horse Power – England), CV (Cheval Vapeur – Frankreich, Belgien), Cavallo Vapore – Italien, Spanien).

Wichtiger ist die Art und Weise, wie die Leistung gemessen wurde. Bezogen auf die Definition der Nennleistung haben sich die Verhältnisse zumindest hierzulande einigermaßen beruhigt. Die meisten Hersteller nennen die nach der ICOMIA-Norm 28/83 (International Council of Marine Industries Association) gemessene Bremsleistung an der Propellerwelle. Auf diese Weise wird ein Leistungsvergleich möglich. Von Leistungsangaben nach anderen Normen als der ICOMIA-Norm 28/83 sollte man 10–20% abziehen. Ist der Verkäufer nicht bereit, eine verbindliche Zusage über die Leistungsmessung zu machen, so sollte man von undefinierten Nennleistungen sogar 30% abstreichen.

Besonders wichtig ist das, wenn man ein neues Boot mit Motorstärken nach Werftangabe bestückt, den Motor aber gebraucht kauft, da vor einigen Jahren die Leistungsangaben auf verschiedene Normen bezogen wurden, die sich wesentlich von der Leistungsdefinition der heute üblichen ICOMIA 28/83 unterscheiden.

---

* Eine Umrechnungstabelle PS → kW siehe Seite 120.

Benzinverbrauch

Die Verbrauchsangaben der Hersteller werden meist in Gramm pro kWh (g/kWh) gemacht. Das sagt einem nur etwas, wenn man den Rechenschieber in der Tasche hat und die Werte auf Liter je kW-Stunde umrechnet. Dazu braucht man noch das spezifische Gewicht, nämlich das Gewicht von einem Liter Benzin. Und wenn Sie mit dieser Frage einem Tankwart kommen, wird er Sie ziemlich groß ansehen und Ihnen bestenfalls sagen, daß Benzin leichter sei als Diesel, und Diesel habe etwa 0,85. Bei Benzin liegt man mit ca. 0,75 kg/l in etwa richtig. Doch für die Praxis ist der Verbrauch in Liter pro Stunde oder kW-Stunde realistischer. Schließlich tankt man ja auch in Litern. Die Verbrauchswerte für die verschiedenen Leistungen können Sie dem Diagramm unten entnehmen.

Die Grafik zeigt den Volllast-Verbrauch je Stunde. Der Benzinverbrauch schwankt selbstverständlich je nach innerem Zustand des Motors sowie nach Konstruktionsart. Mittelwerte sind:
Bei kleinen kW-Zahlen
ca. 1,4–0,80 l/kWh
Ab ca. 7 kW
ca. 0,82–0,60 l/kWh
Ab ca. 37 kW
0,75–0,50 l/kWh
Als Faustformel kann man annehmen, daß zwei Außenborder-kW ca. 1,5 l/h verbrauchen.
Das eingezeichnete Beispiel: Ein 40-kW-Motor verbraucht 22–27 Liter je Stunde. Die obere waagerechte Skala zeigt kW.

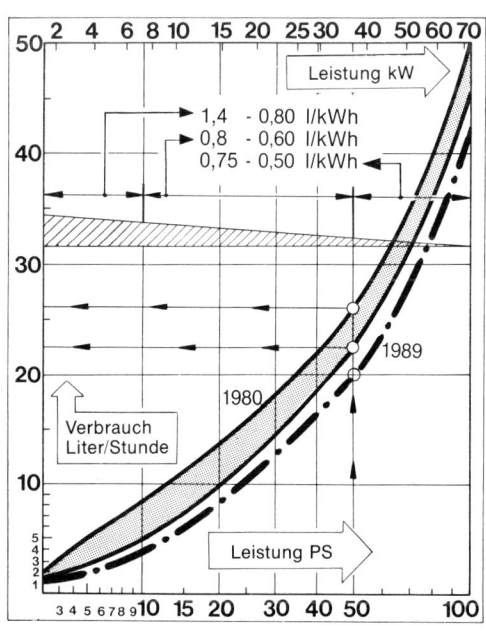

Es steht ohne Zweifel fest, daß der Außenborder mehr Benzin verbraucht als der ventilgesteuerte 4-Takt-Motor. Der Verbrauch kann aber bei richtiger Fahrweise in vernünftigen Grenzen gehalten werden, wenn der Motor die richtige Leistung für das Boot hat. Die Leistung des Motors muß so gewählt sein, daß man ihn im Normal-Betrieb (Reisegeschwindigkeit) mit nicht mehr als ¾ Gas (ca. 80% der Höchstdrehzahl) fahren kann, das entspricht ca. 50% der Nennleistung*. Für Gleiter bedeutet das: Der Motor muß das Boot schnell aus dem Wellenberg ziehen, danach nimmt man das Gas so weit zurück, daß man noch richtig gleitet. Die Drehzahl-Bereiche von 80–100% bringen nicht mehr viel an Geschwindigkeit, schlucken aber sehr viel Benzin.

Genau so viel Bedeutung kommt dem richtigen Propeller zu, dessen richtige Anpassung wirtschaftliches Fahren erst möglich macht (s. Seite 37 bis 40).

Tankgröße

Je nachdem, was sie mit dem Boot vorhaben, wird es notwendig sein, sich schon bei der Wahl des Bootes und des Motors über die Tankkapazität Gedanken zu machen. Es gilt vor allem zu entscheiden, ob die für Außenborder angebotenen, tragbaren Tanks (bis 25 l) für Ihren Zweck ausreichend bemessen sind, oder ob Sie besser einen Einbautank wählen. Hier einige Anhaltswerte, wie man entscheiden sollte:

● Boote mit kleinen Motoren und Gleiter bis 20 kW, die nur für Spritztouren an Wochenenden gedacht sind, kommen mit den tragbaren Tanks aus (4–2 Vollgasstunden).

● Gleiter mit 20 bis 40 kW haben mit dem tragbaren Tank (22–25 l) nur noch 2 bis 1 Vollgasstunde. Es muß je nach Revier und Tankmöglichkeiten entschieden werden, ob man einen zweiten 25-Liter-Tank als Reserve mitnimmt oder bereits einen Einbautank wählt. Der durchschnittliche Betrieb während eines Wochenendes erfordert Kraftstoff für ca. 4 Vollgasstunden. Es kann sonst das sehr häufig übliche Handicap eintreten, daß Sie ein bis zweimal pro Tag tanken müssen. Bei Trai-

---

* Das bedeutet, daß der auf Seite 21 genannte 40-kW-Motor nicht mehr 22 bis 27 l/h, sondern nur noch ca. 10 l/h verbraucht.

lerbooten ergibt sich die Möglichkeit des Tankens unter Umständen jeden Tag, wenn das Boot auf dem Hänger mit nach Hause genommen wird, und man unterwegs an einer Tankstelle vorbeikommt. Selbstverständlich spielt bei einem stark motorisierten Gleiter die Überlegung eine Rolle, ob man, vollgetankt, 200 kg mehr mitschleppt oder nur 50 kg.

● Gleiter mit mehr als 40 kW sollten immer einen Einbautank haben. Auch hier kann man für den Durchschnitt der minimalen Tankkapazität vier Vollgasstunden zugrunde legen.

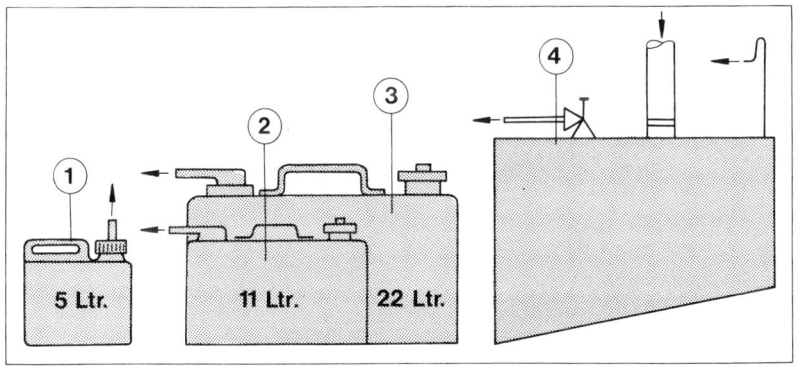

(1), (2) und (3) sind die im Handel üblichen tragbaren Tanks für Außenborder. Sie sind im Standardpreis des Motors enthalten, was die meisten Eigner in den ersten Jahren dazu verführt, auf den Einbautank ohne viel Nachdenken zu verzichten. Erst später, wenn man das Tanken satt hat, wird umgebaut.

(4) Prinzipskizze eines Einbautanks. Durch die Verlagerung des Gewichts ins Vorschiff oder in den Doppelboden läßt sich das Boot, trotz Mehrgewicht, besser trimmen, wodurch sich das Gewicht nicht so stark bemerkbar macht. Gummitanks mit Gewebeeinlage sind auf Booten immer noch Stiefkinder. Im Flugzeugbau werden sie seit Jahren eingesetzt. Sie sind preiswert und praktisch. Zum Einbautank gehört: Absperrventil für Brennstoffleitung, großes Einfüllrohr und eine Entlüftung mit Schwanenhals und Zündgitter.

● Kajütboote, motorisiert als Verdränger, sind in den meisten Fällen als Fahrtenschiffe gedacht. Ein Einbautank sollte die Norm sein, es sei denn, Sie sind davon überzeugt, daß der tragbare Tank und Reservekanister ausreichen. Für Binnengewässer ist das ein Standpunkt. Für die Küste nicht, da das ewige Umfüllen nicht nur schwierig ist, es ist auch eine Gefahrenquelle (Explosion).

● Bei Kajütbooten und Kreuzern mit starken Motoren zum Gleiten

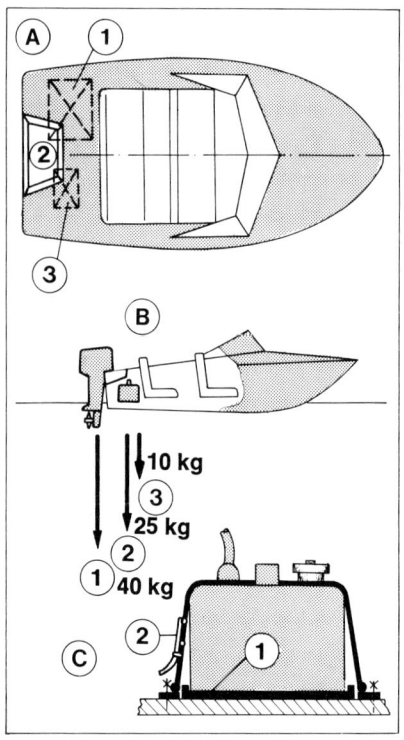

Skizze A: Der übliche Platz des tragbaren Tanks bei kleinen Gleitern ist unter dem Achterdeck (1) neben der Leckwanne (2). Auf die andere Seite kommt bei E-Starter-Motoren die Batterie (3). Das ist zwar der richtige Platz, bringt aber sehr viel Gewicht ins Achterschiff.

Skizze B: Zum Gewicht des Motors (1) kommt das Gewicht des Tanks (2) und das der Batterie (3).

Skizze C: Der Tank muß auf einer Rutsch- und Leckunterlage (1) stehen und sicher befestigt sein (2).

Achtung! Wenn der Tank nicht frei im Cockpit steht, muß der Raum (hier das Achterschiff) gut belüftet sein. In abgeschlossenen Räumen entsteht sehr leicht Explosionsgefahr, da durch Erwärmung aus dem Tank Gase herausgedrückt werden.

oder Halbgleiten kommt nur ein Einbautank in Frage. Die Kapazität muß je nach Bedarf und gewünschtem Aktionsradius ausgelegt werden.

● Ein Reservekanister gehört auf jedes Boot. Für Motoren bis 20 kW reicht ein Fünf-Liter-Autokanister. Für stärkere Motoren sind Reservekanister mit 20 l zu empfehlen.

● Auf Segelbooten mit Außenborder-Hilfsantrieb mit Leistungen bis 8 kW reicht der tragbare Tank aus.

Prinzipielle Plazierungsmöglichkeiten für Einbautanks. Skizze A zeigt die Stellung der Tanks in Längsrichtung, Skizze B den entsprechenden Querschnitt (Spannschnitt).
(1) Einbautank im Bereich des Schwerpunktes unter den Seitendecks, wo die meisten Gleiter viel unausgenutzten Raum haben. Da die Vertrimmung (quer) bei einem großen Tank sehr stark werden kann, sind zwei kleinere Tanks zu empfehlen.
(2) Boote mit lang eingedecktem Vorschiff bieten die Möglichkeit, den Tank dort zu plazieren, ohne die Beinfreiheit zu beeinträchtigen. Auf vielen Gleitern ist das Gewicht im Vorschiff auch als Ausgleich für Motor erwünscht. Die Vertrimmung in Längsrichtung bei leerem bzw. vollem Tank kann jedoch beträchtlich sein.

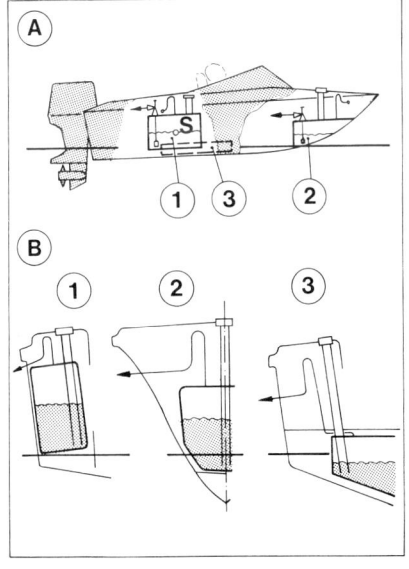

(3) Liegt der Cockpitboden hoch genug, bietet sich die Möglichkeit, den Tank in den Doppelboden einzubauen. (Meist bei Booten mit tiefem V gegeben.) Auch hier kann man in die Nähe des Schwerpunktes gehen. Der Tank im Doppelboden ist der Idealfall, da er richtig plaziert, zu keinerlei Vertrimmung führt, und der Schwerpunkt möglichst tief liegt.

Sicherheitsausrüstung

Ein Boot zu stark zu motorisieren, ist eine enorme Steigerung des Sicherheitsrisikos. Eine brauchbare Grundlage für die Auswahl einer noch sicheren Motorleistung finden Sie in der Grafik auf Seite 13.
Von Propellern sind schon viele Schwimmer und Taucher totgefahren oder schwer verletzt worden. Deshalb ist hier besondere Vorsicht geboten. Für Skipper und Besatzung wird der Propeller dann gefährlich, wenn jemand über Bord geht.
Die Industrie hat diesem Punkt Rechnung getragen und Sicherheitsschalter gebaut, die es in verschiedenen Ausführungen gibt. Sie werden an den Stopp-Knopf (Kurzschlußschalter) angebaut. Ein Armband am Handgelenk des Fahrers, verbunden mit dem Schalter, sorgt dafür, daß der Motor sofort stehen bleibt, wenn der Skipper umfällt oder außerbords fliegt. Der Sicherheitsschalter gehört auf jeden Gleiter, auch wenn sich der Fahrer noch so sicher fühlt.
Die folgende Liste gibt eine Übersicht für den soliden Ausrüstungsumfang eines Motorbootes für Küsten- und Seereviere (aus dem Wassersportmagazin BOOTE).

Decksausrüstung
Festmacher
Anker, Kette, Leine
Fender
Bootshaken
Wurfleine

Navigationsausrüstung
Steuerkompaß
Handpeilkompaß
Karten, Navigationsbesteck, Handbücher
Echolot
Speedometer + Meilenzähler
Radio für Wetterberichte
Fernglas, Uhr und Barometer

Ersatzteile
Keilriemen
Filter (Öl und Kraftstoff)
Impeller für Kühlwasserpumpe
Zündkerzen bei Benzinern
Diverse Sonderteile nach Herstellerempfehlung
Reserve-Kraftstoff
Reserveöl (1 Füllung)

Seenot-Ausrüstung
Rettungsweste pro Person
Rettungskörper mit Zubehör
Rettungsinsel oder Beiboot ab 8 m Länge aufwärts
Seenotsignale (Raketen, Fackeln usw.)

Sicherheitsausrüstung
Lenzeinrichtung (Pumpen und Schlagpütz)
Feuerlöscher
Bordapotheke
Werkzeugkiste
Reparaturmaterial, Ersatzteile (Sicherungen, Lampen, Batterien)
Taschenlampe (sprühwassergeschützt)
Badeleiter

Gesetzlich vorgeschrieben
Positionslampen nach DHI (und Reservebirnen)
Ankerball, Kegel (nur Segler)
Signalhorn
Nationalflagge
Ausweis (Reisepaß oder Personalausweis)
Sportbootführerschein Küste
Eigentumsnachweis
Seeschiffahrts- und Seestraßenordnung

Zubehör für Motoren

Es ist kein Kunststück, für das Zubehör einige Tausender auszugeben. Ich will mich auf den folgenden Zeilen nicht wiederholen, deshalb hier gleich pauschal: Zubehör ist teuer!

Nicht zu umgehen ist zumindest an der Küste die Beleuchtung, es müssen zugelassene Laternen angebaut werden. Ihr Stromverbrauch liegt so hoch, daß man ihn mit einer 60-Watt-Lichtspule über einen Gleichrichter gerade nachladen könnte. Die Lampen direkt über die Lichtspule zu fahren, ist nicht zu empfehlen, da diese die genannte Leistung erst bei sehr hohen Drehzahlen liefert. Deshalb ist eine Batterie unumgänglich. Sie sollte eine Mindestkapazität von 50 Ah haben.

Bei pinnengesteuerten Motoren kann man auf Motorinstrumente verzichten. Mit steigender Leistung — spätestens ab 20 kW — ist eine Fernlenkung empfehlenswert und damit auf eine Schaltung nicht zu verzichten. Ist Ihr Motor auf diese Weise ausgerüstet, sollten Sie auch einen Drehzahlmesser anbauen (Überwachung des Motors und Benzinverbrauchs) und den Stopp-Schalter nach vorne verlegen. Machen Sie diese Arbeit selbst, ist besondere Vorsicht geboten, da man mit falschen Instrumenten die Elektronik-Teile der Zündung sehr leicht ruinieren kann (Einbauanleitung und Ratschläge der Werkstatt genau befolgen).

Ab 20—30 kW sind die mit E-Starter ausgerüsteten Motoren als normal zu bezeichnen. Dazu gehören ein Zündschloß und eine Batterie (Mindestkapazität 56 Ah). Eine Lichtspule reicht dann zum Laden und Beleuchten kaum noch aus, der Motor muß eine Lichtmaschine haben.

Es gibt zwar für E-Starter und Lichtmaschinen Umbausätze, viel billiger wird es aber, wenn Sie gleich den richtig ausgerüsteten Motor kaufen.

Soweit das Zubehör, das man ab einer bestimmten Leistung (neben der Sicherheitsausrüstung) als normal und notwendig bezeichnen kann. Weitere Instrumente dienen der Komfort-Steigerung und Motorüberwachung. Das sind: Geschwindigkeitsmesser, Meilen- oder Kilometerzähler, Betriebsstundenzähler, Benzinanzeiger, Ampere-Meter.

Doch bevor Sie das komfortsteigernde Zubehör kaufen, sollten Sie die Ausrüstung aus der Tabelle links beschaffen.

Richtig fahren

Es geht hier nicht um das Fahren mit Booten im allgemeinen, sondern lediglich um die ersten Startversuche und das optimale Abstimmen des Motors mit dem Boot, und die praxisgerechte Handhabung des Motors, um seine Zuverlässigkeit über viele Jahre zu erhalten.

Sie haben Boot und Motor gekauft, jetzt müssen Sie sehen, wie Sie das Bestmögliche aus dieser Kombination herausholen, ohne gleich am Anfang schwerwiegende Fehler zu begehen, die viel Geld kosten können, zumindest aber die erwartete Freude am Fahren in ein Tief verwandeln. Das erste, was Sie tun sollten, wenn der Motor (nach Probelauf) ankommt, ist nicht, ihn gleich aus der Kiste zu holen und ans Boot zu hängen, sondern sich erst einmal ruhig hinsetzen und die ganze Betriebsanleitung Abschnitt für Abschnitt durchgehen und Punkt für Punkt am Motor suchen. Die folgenden Tips sind immer in Verbindung mit der Betriebsanleitung Ihres Motors durchzuführen, da hier auf die Besonderheiten der verschiedenen Marken nicht eingegangen wird.

Kraftstoffgemisch

Außenborder laufen heute mit einem Gemisch von 100:1 oder mit Öleinspritzung. Sie vertragen bleifreies Benzin, und auch biologisch leicht abbaubare Ölsorten sind zu haben. Für das Einfahren in den ersten Stunden ist es häufig notwendig, mehr Öl ins Benzin zu mischen (in Betriebsanleitung prüfen).

Grundsätzlich gibt der Hersteller an, daß man nur sein eigenes „besonders geeignetes Öl" fahren soll.

Das braucht man jedoch nur während der Einfahrzeit (bis zur ersten Inspektion) wegen möglicher Garantieansprüche einzuhalten. Danach kann man jedes Außenborder-Öl, das für das entsprechende Mischungsverhältnis geeignet ist, nehmen. Es muß allerdings darauf stehen, daß es sich um ein solches handelt. Achten Sie auf die Bezeichnung BIA- bzw. CEC-Norm (Coordinating European Council), denen das Öl entsprechen muß.

Für das Öl gibt es verschiedene Verpackungsarten, Dosen und Flaschen. Die Dosen werden als sehr praktisch gepriesen, sie sind es jedoch nur ungeöffnet. Besser geeignet sind Flaschen mit einer Skala, so daß man zu gegebener Zeit jeweils die entsprechende Menge mischen kann und dann die verschlossene Flasche wieder wegstaut.

Gemischt wird so, daß Öl und Benzin im Tank nicht getrennt bleiben. Tragbare Tanks werden mit 3—5 Liter Benzin aufgefüllt, die für den Tank bestimmte Ölmenge eingefüllt, das ganze kräftig geschüttelt und schließlich der Tank ganz mit Benzin aufgefüllt. Hat der Tank, gefüllt, einige Zeit gestanden — immer vor Gebrauch schütteln.

Feste Tanks füllt man, indem das Öl im Reservekanister mit etwas Benzin vorgemischt und dann, mit einem großen Trichter, gemeinsam mit dem Benzin aus der Tankstelle eingefüllt wird.

Die Öleinspritzung setzt sich jetzt auch in den kleinen Leistungsbereichen immer mehr als Serienausstattung durch. Die Prinzip-Skizze unten zeigt, wie sie funktioniert.

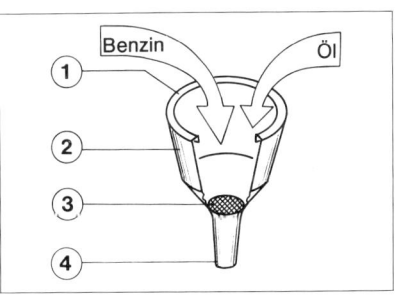

So sieht der richtige Mischtrichter für Motorboote aus. (1) Spritzrand nach innen gezogen; (2) großer Mischraum; (3) Feinsieb; (4) große Durchlauföffnung. Er ist die einzig brauchbare Trichterform zum Nachfüllen des Treibstoffs aus dem Reservekanister, wenn das Boot in der Welle schaukelt.

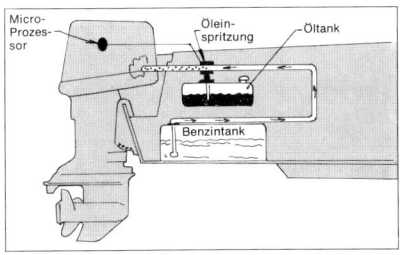

Die Öleinspritzung führt zu optimaler Ölausnutzung bei geringster Umweltverschmutzung. Aus einem Zusatztank wird über einen Mikroprozessor die Ölmenge drehzahlabhängig dosiert. Das unangenehme Mischen beim Tanken entfällt.

Anbringen des Motors

(Betriebsanleitung beachten!)

Hier das Wichtigste:

1. Klemmplatte vorsehen
2. Sorgleine für Motor anbringen
3. Höhe der Kavitationsplatte einstellen
4. Schaftstellung überprüfen

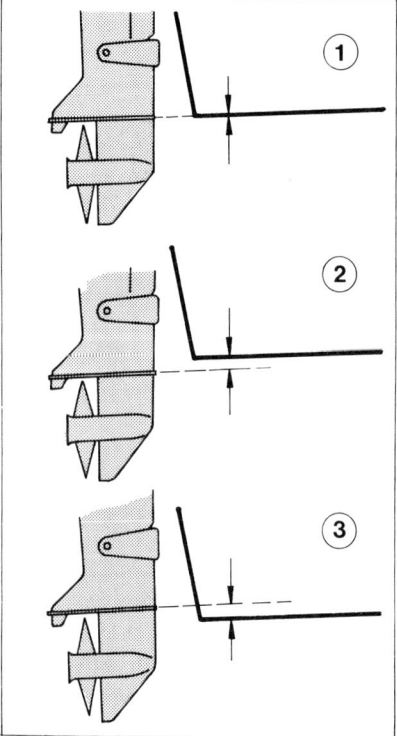

Noch auf dem Hänger wird die Höhe der Kavitationsplatte zum Bootsboden geprüft. (1) Steht die Kavitationsplatte mit dem Bootsboden in gleicher Höhe, kann es je nach Art des Bootes und des Motors richtig sein (Betriebsanleitung). Es ist allerdings zu empfehlen, etwas tiefer (2) zu gehen. Dadurch wird vermieden, daß der Propeller zu leicht Luft bekommt. Auf keinen Fall darf die Kavitationsplatte höher liegen (3) als der Bootsboden. Nicht nur der Prop würde sehr leicht Luft bekommen und leerdrehen, es bestünde auch die Gefahr, daß die Kühlwasserpumpe Luft saugt, und der Motor überhitzt wird. Den Motor um 2–3 cm höher zu setzen, ist möglich. Dafür haben die Motorenhändler Beilagen bereit. Man kann es auch mit selbstgebastelten Blechwinkeln, die auf den Spiegel geschraubt werden, machen. Wenn der Spiegel allerdings zu hoch ist, muß er ausgesägt werden, und das ist in den meisten Fällen nur vom Fachmann zu machen. Beim Kauf muß deshalb darauf geachtet werden, um diesen Ärger zu verhindern.

Es ist besser, den Motor noch ans Boot zu setzen, wenn es auf dem Hänger liegt. Im Wasser muß man sehr vorsichtig sein, auch wenn das Boot am Steg festgebunden ist.

Verbolzen: Ich selbst bin der Meinung, daß man Motoren bis 20 kW vor der ersten Inspektion (nach 10—20 Stunden) nicht verbolzen sollte, sondern erst dann, wenn man die optimale Einstellung erzielt hat. Viele Hersteller sagen allerdings, gleich verbolzen.

Soweit die Motoren Klemmschrauben haben, sollte man den Motor nur dann mit Schrauben befestigen, wenn er den ganzen Sommer über am Boot bleibt und nicht, wie bei vielen Eignern üblich, zum Trailern im Kofferraum landet.

Motorbefestigung. Für die beiden Klemmschrauben, die nur von Hand angezogen werden dürfen, ist ein Klemmbrett (1) vorzusehen. Es wird mit dem Spiegel verschraubt und verhindert durch seinen überstehenden Rand ein Abrutschen des Motors auch bei etwas gelösten Schrauben. Klemmschrauben immer kontrollieren und nachziehen. Nützlich ist eine Schutzplatte (2) aus Blech. Eine Sorgleine (3) oder Kette ist eine zusätzliche Sicherung, um den Motor nicht zu verlieren. Größere Motoren sollten in jedem Fall verbolzt werden (4).

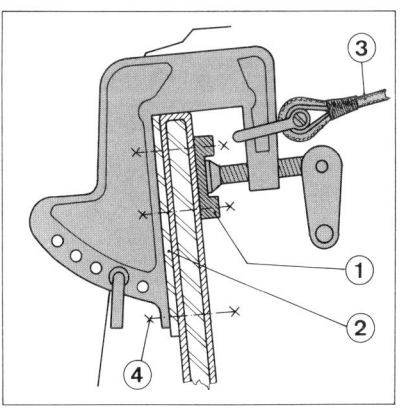

Erster Start

Wenn Sie soweit sind, können Sie das Boot abslippen, die Benzinleitung anstecken (Ball zum Tank) und den Motor zum ersten Mal laufen lassen (aber erst im Wasser). Der Motor wird so geliefert, daß er betriebsbereit ist (Betriebsanleitung prüfen). Er hat im Werk und vor der Übergabe beim Händler bereits im Testtank gelaufen.

Sie beginnen gleich die Handgriffe in der richtigen Reihenfolge, die Sie sich möglichst schnell und sicher einprägen müssen, damit Sie später keine unliebsamen Überraschungen erleben.

Die hier beschriebenen Handgriffe sind für pinnengesteuerte Motoren zusammengestellt. Die Reihenfolge bleibt jedoch auch für Motoren mit Fernbedienung gleich.

1. Überprüfen Sie, ob das Getriebe auf Leerlauf steht (NEUTRAL).

Achtung! Wenn der Motor anspringt, und das Getriebe eingekuppelt ist, ist die Wahrscheinlichkeit groß, daß Sie kopfüber aus dem Boot fliegen,

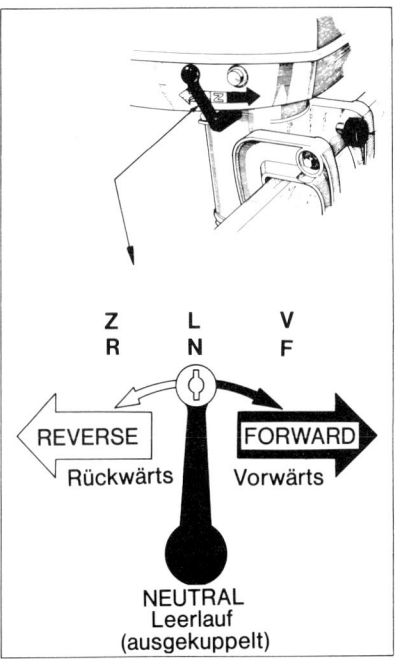

Getriebeschalthebel. Bevor Sie nur daran denken, den Starter anzufassen, muß der erste Griff die Prüfung des Schalthebels am Motor oder an der Fernschaltung sein. Das Getriebe muß auf Leerlauf stehen!

Die Außenbordergetriebe haben drei Schaltstellungen: Mitte = Leerlauf; Hebel nach vorn = Vorwärtsgang; Hebel nach hinten = Rückwärtsgang. Die Skizze (oben) zeigt die Lage des Schalthebels am Motor. In der Skizze unten stehen auch die englischen Bezeichnungen, die auf vielen Motoren üblich sind.

Achtung! *Schalten Sie niemals bei zu hoher Drehzahl. Bei pinnengesteuerten Motoren immer auf SHIFT stellen. Bei Zwei-Hebel-Schaltung immer Gashebel auf Leerlauf zurücknehmen. Einen Augenblick warten, bis der Motor mit der Drehzahl runter ist, dann schalten. Bei Ein-Hebel-Schaltung auch Drehzahl zurück, warten, bis der Motor gekommen ist und dann schalten.*

das Boot losfährt, und Sie dann noch froh sein müssen, wenn nicht Schlimmeres passiert. Der Propeller ist lebensgefährlich. Bei einer Reihe von Motoren ist neuerdings eine Sperre eingebaut, so daß man nur auf NEUTRAL starten kann.

Bei E-Starter nur mit angeklemmter Batterie von Hand starten (Zündschlüssel muß eingeschaltet sein), gleichgültig, ob sie leer oder voll ist. Sonst ist der Gleichrichter sofort kaputt.

2. Kippvorrichtung sperren (siehe unten).

3. Gasstellung auf Start (Seite 34).

4. Benzin vorpumpen, und zwar so lange, bis Sie einen Widerstand im Ball spüren. Dann ist der Vergaser voll. Es gibt einige Motoren, wo es sich empfiehlt, den Ball dann noch 10—20 Sekunden auf Druck zu halten, damit sie auch ihre Startfreudigkeit unter Beweis stellen können.

5. Starthilfe (Choke) ziehen (Seite 35).

6. Richtig Starten (Seite 36).

Achtung! Bevor Sie ziehen, müssen Sie sich immer vergewissern, daß niemand hinter Ihnen steht. Der Ellbogen hat beim Starten eine derartige Wucht, daß Sie damit dem Getroffenen die Zähne ausschlagen können.

Kippvorrichtung. Die überwiegende Zahl der Außenborder hat zwischen den Klemmbügeln einen Hebel, mit dem die Kipp-Sperre aus- und eingeschaltet wird.

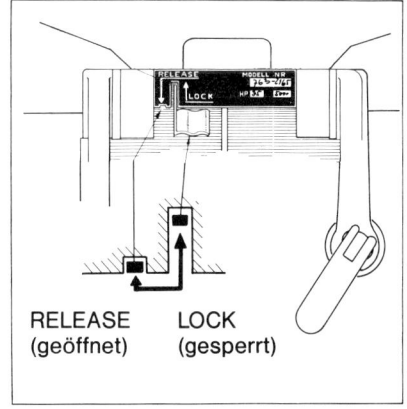

RELEASE   LOCK
(geöffnet)   (gesperrt)

Für das Starten mit Hand wird der Hebel auf „LOCK" gestellt, da der Motor sonst durch den Zug des Starterseils hochkippen würde. Für den normalen Betrieb bleibt der Hebel auf „LOCK". Das bedeutet nicht, daß der Motor jetzt unter keinen Umständen hochkippen kann. Er wird vielmehr von einer Feder belasteten Sperre festgehalten, die bei Kollision des Unterwasserteils öffnet. Nur im flachen Wasser und zum Hochkippen wird der Hebel auf Stellung „RELEASE" gebracht.

7. Nachdem Sie einige Male gezogen haben, gibt es vier typische Möglichkeiten:

a) Motor kommt und läuft	*Alles in Ordnung*
b) Motor kommt und stottert	*Sofort mit Ball pumpen, bis Motor „rund" läuft*
c) Motor kommt trotz oftmaligem Starten nicht	*Er ist abgesoffen (s. Seite 44)*
d) Motor nicht abgesoffen, kommt trotzdem nicht	*Siehe Fehlersuche*

Bei neuen Motoren ist anzunehmen, daß sie entweder wie a) oder b) sofort laufen. Es kann jedoch noch ein sehr seltener Fall eintreten, daß der Motor kommt, aber sofort hochheult und ganz hoch dreht. Dann müssen Sie sofort abstellen. Um den Defekt zu beheben, ist es notwendig, die Ursache zu finden (siehe Fehlersuche)

8. Kühlwasser kontrollieren (Seite 37)

Wenn das Kühlwasser klar ist, können Sie losfahren

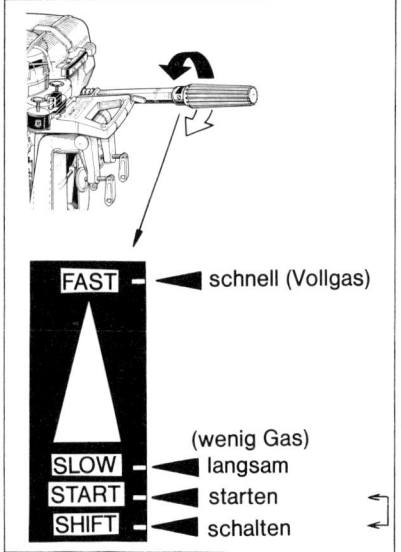

FAST — schnell (Vollgas)

(wenig Gas)
SLOW — langsam
START — starten
SHIFT — schalten

Der pinnengesteuerte Motor hat am Drehgasgriff die in der Skizze gezeigten Stellungen. Sie sind analog auch auf die Fernschaltung übertragbar. Die Stellungen „START" und „SHIFT" sind bei einigen Motoren in umgekehrter Reihenfolge.

Bei „START" hat der Motor mehr Gas als in „SHIFT". In diesen beiden Stellungen wird der Vergaser so gesteuert, daß der Motor zum Anspringen etwas mehr Gas hat, während er zum Schalten eine möglichst niedrige Drehzahl (den Leerlauf) braucht und somit das Getriebe entsprechend schont. Dreht man den Griff weiter gegen den Uhrzeigersinn (von vorne gesehen), nimmt das Gas weiter zu, bis man über „FAST" schließlich Vollgas erreicht.

9. Schalten. Der Drehgasgriff wird auf die Schaltstellung „SHIFT" gestellt (niedrige Drehzahl). Dann wird der Getriebehebel auf vorwärts eingerastet. Gewöhnen Sie sich gleich an, kräftig zu schalten. Je zögernder Sie den Hebel bewegen, um so eher wird die Kupplung des Getriebes defekt, da sich die Zähne abstoßen

10. Stoppschalter: Abgestellt wird der Motor mit einem Knopf (Kurzschlußschalter), durch den der Zündstrom unterbrochen wird.

Jetzt beginnen die ersten Stunden, in denen der Motor eingefahren wird. Hier muß man sich ebenfalls genau an die Betriebsanleitung halten. Es geht darum, daß die Zylinderlaufflächen und alle Lager die richtige Oberflächenqualität, wie das durch die Bearbeitung nicht möglich ist, bekommen. Es ist eine Art von Einschleifen der Kolbenringe und der Laufflächen im Zylinder.

Halten Sie vor allem die Vollgas-Intervalle ein, die der Hersteller gibt. Zu langsames Fahren wäre allerdings genauso schädlich wie zu lange Vollgastörns.

Während Sie immer wieder einen Blick auf den Kühlwasserstrahl richten, können Sie damit beginnen, sich an das Boot zu gewöhnen.

Nach etwa 2—5 Stunden Fahrt, die Sie keineswegs in einem Törn absolvieren müssen, trimmen Sie den Motor auf das Boot ein.

Der Choke ist eine Starthilfe, die dem kalten Motor das für den Start „fette" Gemisch liefert. Ist der Choke-Knopf nicht gezogen, dann ist die Klappe (A — schwarz) am Vergasereingang (1) geöffnet. Das ist die Stellung während der Fahrt und für den Start mit warmem Motor. Wird der Choke gezogen (B — weiß), ist die Klappe geschlossen.

Zum Starten ist die Drosselklappe fast geschlossen (C), dadurch arbeitet die Leerlaufdüse (3). Vollgasstellung ist (D), es arbeitet die Hauptdüse (2).

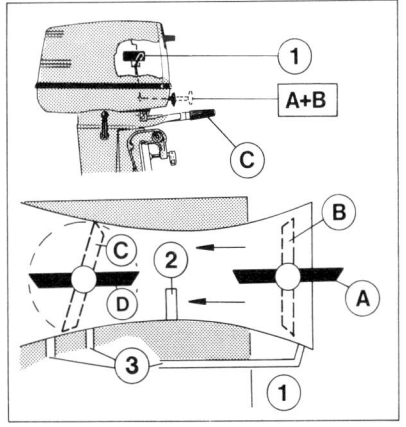

Wichtig! Gewöhnen Sie sich gleich von Anfang an daran, daß der Motor in den ersten fünf Minuten jeder Fahrt nie mehr als halbes Gas bekommt. Dadurch verlängern Sie sein Leben außerordentlich.
Ein Motor muß erst die richtige Betriebstemperatur erreicht haben, bevor er ohne Schaden auf Vollgas laufen kann.

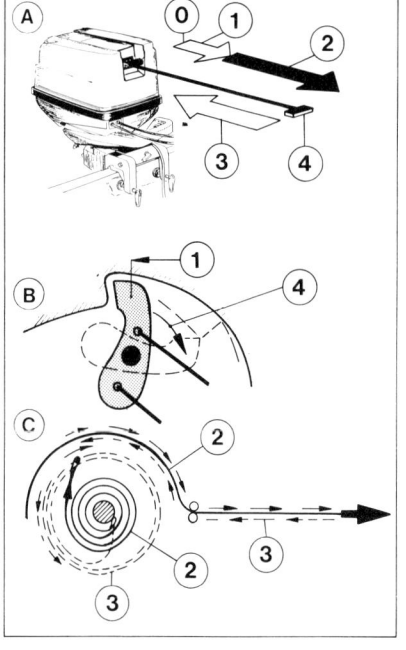

So wird von Hand gestartet. Prägen Sie sich gleich von Anfang an einen 3-Stufen-Start ein.
Skizze A: (1) Das Seil wird leicht herausgezogen, bis Widerstand zu spüren ist, dann ist die Sperre, die den Motor mitnimmt, eingerastet. (2) Kräftig durchziehen, damit der Motor die richtige Drehzahl bekommt, um eine möglichst hohe Zündspannung liefern zu können. (3) Auch wenn der Motor nicht läuft, wird das Seil langsam, immer etwas auf Spannung haltend, zurückgelassen.
Skizze B: Die Mitnehmersperre im Inneren des Seilstarters wird von kleinen Federn gesteuert. Zieht man in der ersten Startphase zu schnell, kann das sehr leicht zu einem Defekt führen (Verbiegen oder Brechen der Steuerfedern). Mit (1) ist der Punkt erreicht, an dem man den Widerstand spürt. Sobald der Motor läuft, kippt die Sperre in Stellung (4), und man kann das Seil langsam zurücklaufen lassen, ohne daß etwas passiert.
Skizze C: Prinzip des Handstarters. In der Startphase (2 – schwarz) wird das Seil herausgezogen und spult gleichzeitig eine Feder auf, die dann das Seil zurückholt (3 – gestrichelt). Läßt man das Seil zu schnell zurück, kann sich die Feder verbiegen, verklemmen oder sogar brechen. Auch das Seil kann Kinken bilden oder von der Seilscheibe laufen. Richtig bedient, treten kaum Defekte auf.

Sobald der Motor läuft, wird der Durchlauf des Kühlwassers geprüft. Je nach Fabrikat gibt es zwei Möglichkeiten der Kühlwasserkontrolle. Entweder eine besondere Öffnung an der Motorwanne oder am Oberteil des Schaftes (Pfeile) oder den Hilfsauspuff an der Rückseite des Schaftes (Dampfwolke). Tritt kein Kühlwasser aus, dürfen Sie nicht fahren, bevor die Ursache gefunden und der Schaden behoben ist. Das Kühlwasser ist auch während der Fahrt immer wieder zu kontrollieren.

Einstellung Motor/Boot

Drei Punkte sind unter Normalbelastung zu prüfen:

1. Sitzt die Kavitationsplatte in der richtigen Höhe (Seite 30)
2. Prüfen Sie den Trimmwinkel des Motors zum Boot (Seite 38)

Wichtig! Hier ist ein Beobachter am Ufer sehr nützlich. Er kann viel besser als der Fahrer die Wellenbildung und die Lage des Bootes im Wasser beobachten.

3. Ist der Propeller richtig? Dies zu überprüfen geschieht durch eine Kontrolle der Höchstdrehzahl. Voraussetzung ist, daß das Boot wie gewünscht die Normalbelastung hat und die Gewichte (Besatzung) richtig verteilt sind. Um die vorgeschriebene Drehzahl messen zu können, braucht man entweder einen Drehzahlmesser, der für ferngesteuerte Motoren ohnehin empfehlenswert ist, oder für pinnengesteuerte einen Vibrationsmesser. Er ist im Fachhandel und beim Motorenhändler für etwa 25 DM zu haben.

Im allgemeinen wird die Werft oder der Importeur mit dem Boot ausreichende Erfahrung haben, um Ihnen den richtigen Propeller zu nennen. Trotzdem wird es vorkommen, daß er nicht optimal ist.

Auf den ersten Blick sieht es so aus, als seien Sie mit dem Kauf des serienmäßig montierten Standardpropellers übers Ohr gehauen worden, da Ihnen kein Händler den gebrauchten Propeller tauschen würde. Das ist jedoch halb so schlimm. Sie brauchen ohnehin einen Reservepropeller. Prüfen Sie beim Einfahren (siehe Prop-Kontrolle Seite 40), wieweit der Propeller von der richtigen Drehzahl abweicht, und kaufen Sie dann den besseren und behalten den ersten als Reserve.

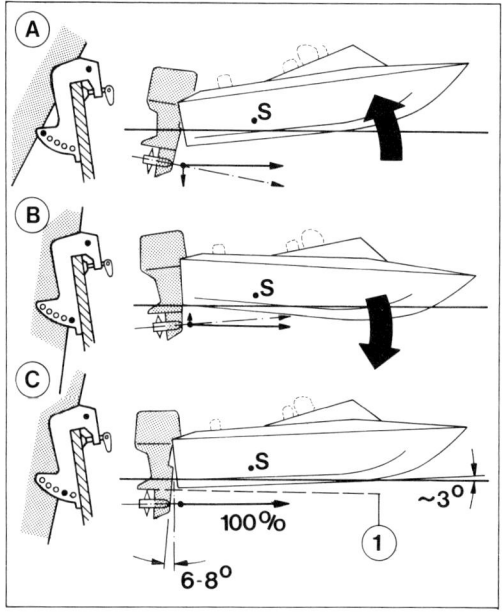

Einstellen des richtigen Trimmwinkels von Motor zu Boot. Für die erste Fahrt soll der Winkel des Schaftes ca. 6—8° zur Senkrechten betragen. Das sind ca. 50—60 mm in der Höhe der Kavitationsplatte waagerecht zum Lot gemessen. Entspricht bei richtiger Spiegelneigung etwa dem zweiten Loch.

Die richtige Trimmstellung des Motors läßt sich jedoch nur durch Probefahrten ermitteln. Der Motor darf nicht, wie in Skizze A, zu weit gekippt sein, dadurch wird das Boot mit dem Heck zu sehr nach unten gezogen. Der Motor verbraucht einen Teil seines Schubs unnötig nach unten.

Das Gegenstück ist ebenso schädlich (Skizze B). Der Motor verbraucht einen Teil seiner Kraft, um das Boot hinten hochzuheben.

Die Stellung der Skizze C ist richtig. Der Motor kann seine ganze Kraft in Vorwärtsschub verwandeln. In den Betriebsanleitungen der Motorenhersteller wird fast einstimmig empfohlen, daß das Boot möglichst flach auf dem Wasser liegen soll. Das ist allerdings nur eine Daumenpeilung, wie die nächste Skizze zeigt.

Der Widerstand eines Bootes setzt sich aus dem Reibungs- und Formwiderstand zusammen. Auch im Gleitbereich bedeutet das: Die benetzte Oberfläche und die Eintauchtiefe sind möglichst gering zu halten. Beide Widerstandsformen hängen allerdings so voneinander ab, daß der Formwiderstand wächst, wenn die Fläche (Gleitauflage) kleiner wird. Das bedeutet, daß man für jedes Boot mit einem bestimmten Motor das Optimum herausfinden muß. Als Faustformel kann man sagen, daß der Winkel des Bodens zum Wasser ca. 3–6° betragen soll. Den besten Winkel kann man nur durch verschiedene Trimmfahrten ermitteln. Er ist dann erreicht, wenn das Boot die höchste Geschwindigkeit läuft.

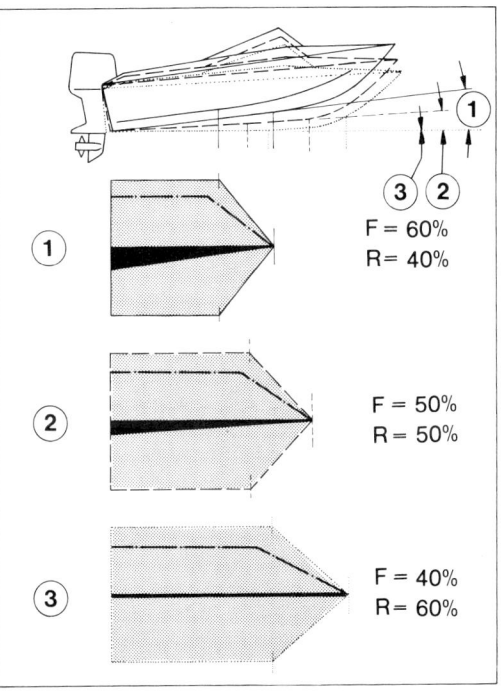

(1) Der Winkel ist zu groß. Zwar ist die benetzte Oberfläche (grau) klein, der Formwiderstand jedoch groß (schwarzer Keil Mitte).

(2) Das Boot hat die richtige Trimmlage. Form- und Reibungswiderstand halten sich die Waage. Die Geschwindigkeit ist am größten.

(3) Läuft das Boot zu flach, ist der Reibungswiderstand sehr groß, der Formwiderstand klein, was im allgemeinen auch zu weniger Geschwindigkeit führt.
Es gibt noch einen anderen Gesichtspunkt, der hängt von der Stärke der Motorisierung ab. Sehr starke Motoren würden das Boot weiter aus dem Wasser heben (strichpunktierte Linie in 1–3). Die Fläche verkleinert sich genauso wie der Formwiderstand. Bei schwacher Motorisierung wird das Boot tiefer im Wasser bleiben. Hier sollte man eine größere Fläche anstreben, um den Formwiderstand zu verringern.

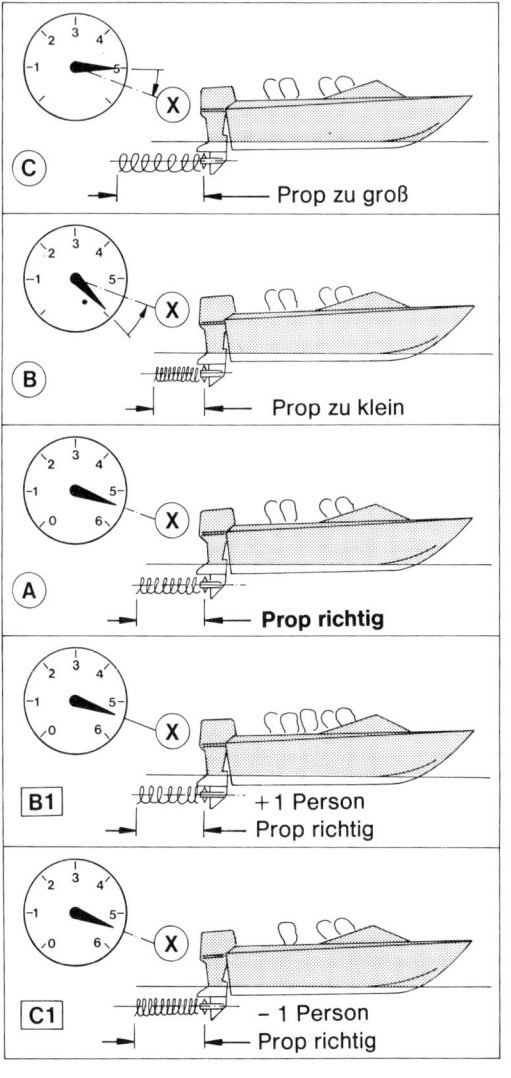

C Prop zu groß

B Prop zu klein

A **Prop richtig**

B1 + 1 Person
Prop richtig

C1 – 1 Person
Prop richtig

Ermittlung des richtigen Propellers. Beladen Sie das Boot so wie es im Normalbetrieb gefahren wird, für Wasserskiläufer 2 Personen.

Fahren Sie den Motor warm und dann Vollgas. Stimmt die erreichte Drehzahl mit der in der Betriebsanleitung überein, ist der Propeller richtig (A).

Dreht der Motor zu schnell (B), ist die Steigung zu klein.

Erreicht der Motor nicht die vorgeschriebene Drehzahl (C), ist seine Steigung zu groß.

Ob es wirklich der Propeller ist, prüfen Sie durch andere Belastung.

Hat der Motor zu hoch gedreht, werden eine (oder mehrere) Personen zugeladen (B 1). Erreicht der Motor jetzt die richtige Drehzahl, war es der Propeller. Das ganze wiederholen Sie auch im Fall (C) mit weniger Last (C 1).

Dreht der Motor trotzdem nicht richtig, liegt es an Zündung oder Vergaser (Fehlersuche Seite 51).

Ist der Propeller richtig, kaufen Sie noch einen als Reservepropeller. Ist der Propeller falsch, behalten Sie ihn als Reserveprop.

(1) Für Boote mit Fernschaltung ist ein Drehzahlmesser immer zu empfehlen.
(2) Pinnengesteuerte Motoren kann man mit Vibrationsmessern kontrollieren (Fachhandel). Ob sie richtig anzeigen, wird am besten auf einem Schleifscheiben-Motor geprüft. (Drehzahl steht auf dem Typenschild).

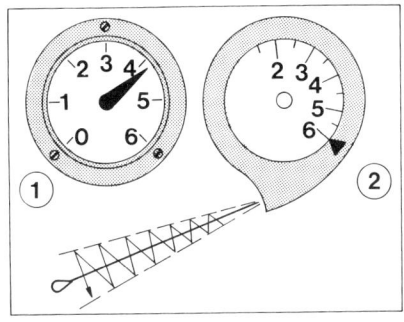

Wie wirtschaftlich man fährt, läßt sich über den Propellerwirkungsgrad prüfen. Der Propellerwirkungsgrad ist eine Größe, die bisher nur mit komplizierten Rechnungen oder teuren Meßinstrumenten erfaßbar war. Jetzt können Sie Ihren Propellerwirkungsgrad ohne Rechnung oder Meßinstrumente mit Hilfe des Buches „Mehr Meilen mit weniger Sprit"* bestimmen.

Geschwindigkeitsmessung

Um richtig zu fahren, Reisen planen zu können und um zu wissen, ob man das durch den Kauf erwartete Ziel erreicht, sollten Sie sich eine ruhige Stelle auf Ihrem Revier suchen, dort eine Strecke ausmessen und auf dieser die Geschwindigkeit Ihres Bootes messen.
Sie können natürlich auch eine beliebige Strecke wählen, wenn man nicht wissen will, wie schnell man eigentlich ist, sondern nur durch Vergleichen der Fahrzeiten bei verschiedenem Trimm feststellen möchte, wann man am schnellsten ist.
Besser ist es jedoch, eine Strecke auszumessen. Dazu genügen 100 Meter, um nicht nur zu wissen, wann man am schnellsten war, sondern um auch gleichzeitig die Geschwindigkeit errechnen zu können (bei der Gelegenheit kann man das Log, sofern vorhanden, eichen).
Zur Messung brauchen Sie eine Stoppuhr (unter Umständen tut es auch ein großer Sekundenzeiger) und, um die Strecke ausmessen zu können,

* Kleine YACHT-Bücherei Band 73 (s. Seite 119)

ein langes Maßband, oder Sie vermessen zu Hause mit dem Zollstock die Ankerleine genau (die Sie in jedem Fall brauchen — je nach Revier 20—30 m lang) und damit dann die Fahrstrecke.

Es gibt zwei Wege, wie Sie vorgehen können, und zwei bis drei Geschwindigkeiten sind zu messen, um Ihr Boot richtig beurteilen zu können (siehe unten).

Wenn Sie sich durch diese zeitraubende „Arbeit" durchgekämpft haben, können Sie sich zu den befahrenen Eignern zählen. Sie kennen Ihr Boot dann besser als der Durchschnitt und haben gleichzeitig ein sehr gutes Gefühl für das Zusammenwirken von Motor und Boot bekommen.

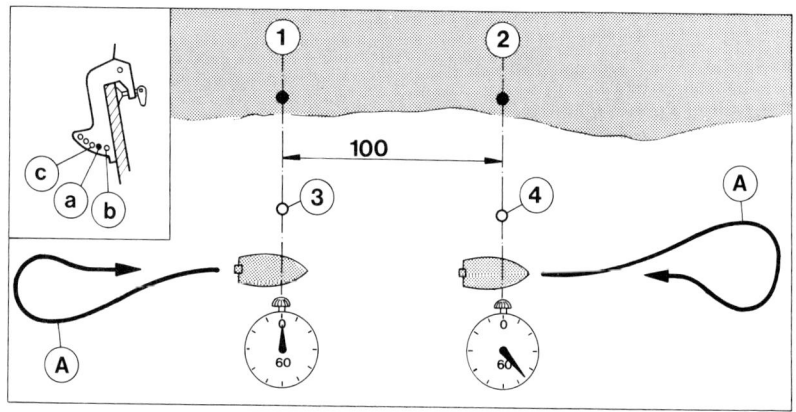

Es ist zwar viel Arbeit, was ich Ihnen jetzt rate, doch wenn Sie sich dieser Mühe unterziehen, würden Sie nicht nur die optimale Einstellung von Motor und Boot erreichen, sondern auch Ihr Gefühl für das Boot steigern.
Suchen Sie sich eine Stelle, die für eine 100 m lange Meßstrecke (1) bis (2) geeignet ist und auf jeder Seite eine Anlaufstrecke (A) hat. Auf dieser Strecke können Sie sehr genau das Optimum Motor/Boot herausfahren.
Fangen Sie mit dem zweiten Loch an (a), dann folgt eine Fahrt mit (b) und (c). Auch eine Veränderung des Gewichtstrimms ist einen Versuch wert. (3) und (4) sind Bojen oder Latten zur Querpeilung, sofern Sie mit dem Boot sehr weit vom Ufer abbleiben müssen. Sie ermöglichen in Deckung ein genaueres Stoppen.

Drehkreise und Luft im Propeller. Um Ihr Gefühl für Motor und Boot zu steigern, fahren Sie aus Vollgas immer engere Kurven. Sie werden merken, daß das Boot in der Kurve immer langsamer wird. Schließlich wird ein Punkt erreicht, an dem das Boot schlagartig aus der Spur slipt (1), oder der Propeller Luft bekommt. Die Luft im Propeller ist nicht zu überhören. Der Motor brummt hoch, das Boot verliert Fahrt. Wenn Sie das Gas voll drauf lassen, kann die Luftblase sehr lange im Propeller hängen bleiben, was dem Motor sehr schadet. Richtig gefahren heißt hier: Sobald Luft im Propeller ist, Gas weg, bis das Heck einsackt, dann wieder Gas geben (2).
Ganz enge Kurven fährt man so: Sie kommen mit Vollgas zu Punkt (3),

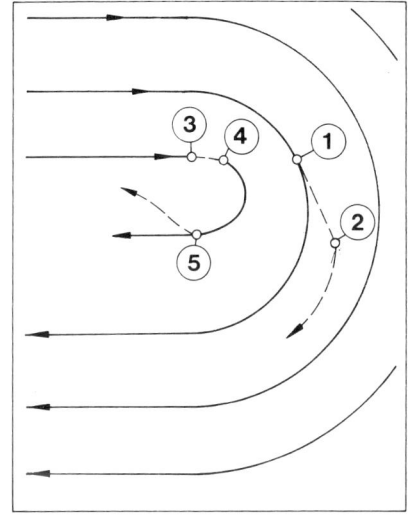

nehmen das Gas dann weg, geben hart Ruder (4), inzwischen sitzt das Boot mit dem Heck im Wasser, und ziehen jetzt mit zügig vorgeschobenem Gashebel das Boot in die Kurve.
Achtung: In Punkt (5) hat man alle Hände voll zu tun, um das Boot wieder auf geraden Kurs zu bekommen. Sollte der Motor bei Kurven von 5 bis 6 Bootslängen schon Luft bekommen, liegt wahrscheinlich die Kavitationsplatte zu hoch.

Geschwindigkeiten auf einer 100 Meter langen Meßstrecke. Die Tabelle gibt die Zeiten, die man auf einer 100-m-Strecke für bestimmte Geschwindigkeiten benötigt. Die erste Zahlenreihe ist jeweils die gestoppte Zeit, die zweite Reihe gibt die entsprechende Geschwindigkeit. Linke Hälfte: Geschwindigkeiten in km/h; rechte Hälfte: Geschwindigkeiten in Knoten (Seemeilen/Stunde = sm/h).

sec	km/h	sec	sm/h
36	10	48,5	4
24	15	32,4	6
18	20	24,3	8
14,4	25	19,4	10
12	30	16,1	12
10,3	35	13,8	14
9	40	12,1	16
8	45	10,8	18
7,2	50	9,7	20
6,5	55	8,9	22
6	60	8	24

Einstellung des Motors

Während das Einstellen der Dreh- und Kippachse nicht schwierig ist, erfordert die Vergaser-Einstellung erhebliches Gefühl. Lesen Sie dazu auch das Kapitel Sicherheitsreparaturen und Vergaserprinzip (Seite 104).

Wenn der Motor nicht so startfreudig ist, wie Sie es wünschen, immer erst Zündkerzen (Seite 62) prüfen und dann weitersuchen. Säuft der Motor beim Starten häufig ab (zu viel fettes Gemisch, nasse Kerzen), ist die Ursache eher in der Chokestellung (Seite 35), der Schwimmernadel (Seite 80) oder an dem unvollkommen arbeitenden Dränage-System zu finden (haben nicht alle Motoren).

Das Dränage-System ist eine Leitung (Bohrungen), die überschüssiges Gemisch aus dem Kurbelgehäuse über den Vergaser in den Brennkreislauf zurückführen soll. Besonders bei Langsamfahrten verölen die Kerzen (Motor läuft zu fett). Will man danach starten und prüft die Zündkerzen, hat man den Eindruck, der Motor sei abgesoffen. Abhilfe: Kerzen reinigen, Motor durchdrehen, Kerzen rein und starten.

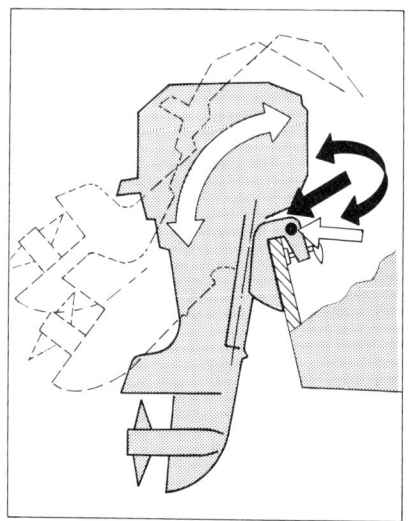

Einstellen der Kipp- und Drehachse. Um die Drehachse (schwarze Pfeile) des Motors einzustellen, wird die Einstellschraube (Betriebsanleitung) so weit gelöst, bis der im Leerlauf drehende betriebswarme Motor zu zittern anfängt. Dann drehen Sie die Schraube gerade so weit fest, daß das Zittern weg ist. Ist der Motor pinnengesteuert, können Sie noch ¼ bis ½ Gang weiter drehen.

Für die Fernlenkung ist es besser, wenn der Motor so leicht wie möglich läuft, aber auch hier, ohne zu zittern.

Die Kippachse wird durch Festziehen der beiden seitlichen Muttern (weiße Pfeile) so weit gebremst, daß der Motor „gerade noch" in jeder Kippstellung hält.

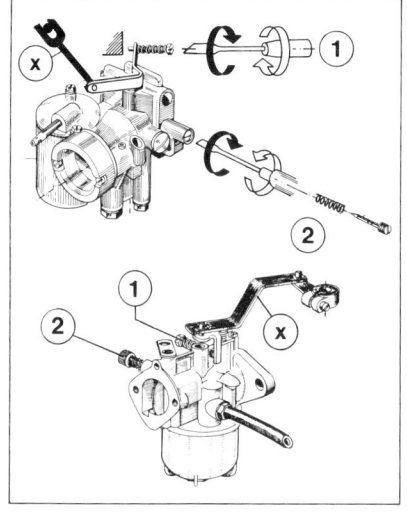

Vergasereinstellung (betriebswarmer Motor). Es gibt grundsätzlich zwei Möglichkeiten (Betriebsanleitung beachten):

1. Leerlaufdrehzahl
2. Gemisch — fett oder mager

● *Mit der Verstellschraube (1) wird die Drehzahl (im Uhrzeigersinn schneller, gegen den Uhrzeigersinn langsamer) im Leerlaufbereich verstellt.*

Die Drehzahl wird bei Vorwärtsfahrt mit Gashebelstellung „Slow" so eingestellt, daß der Motor möglichst langsam, aber ganz rund läuft (oder mit Drehzahlmesser die Leerlaufdrehzahl). Beim Einstellen wird das Boot mehrmals gestoppt und wieder auf vorwärts geschaltet.

● *Gemischeinstellung mit der Gemischschraube (2). Es handelt sich um*
eine Düsennadel, mit der durch Luftkorrektur oder Kraftstoffmengensteuerung zur Leerlaufdüse das Gemisch Benzin/Luft auf fett oder mager gestellt wird. Die Einstellung erfolgt ebenfalls bei betriebswarmem Motor (erfordert Gefühl). Gashebel ganz auf Leerlauf (Slow) stellen und mit der Schraube langsam nach beiden Seiten spielen. Sie werden merken, daß der Motor langsamer wird und zu stottern anfängt. Das Gemisch wird zu fett (gegen Uhrzeigersinn). Dann drehen Sie langsam mit dem Uhrzeigersinn, der Motor wird erst schneller, fängt dann an zu stottern oder fehlzuzünden. Jetzt wird die Schraube zurückgedreht, bis der Motor wieder langsamer wird und zu stottern beginnt und schließlich Schraube wieder im Uhrzeigersinn 1/4 bis 1/2 Umdrehung aufdrehen, jedenfalls so weit, daß der Motor gut rundläuft (besser etwas fetter als zu mager). Ist die Drehzahl zu hoch, muß die Drosselklappe mit Schraube (1) neu eingestellt werden.

(X) Von dem Einstellbügel der Drosselklappe (Leerlaufdrehzahl-Einstellung) geht noch ein weiteres Gestänge über verschiedene Hebel zur Unterseite der Schwungscheibe. An diesem Gestänge darf nichts verstellt werden. Es handelt sich um die Zündsynchronisation, deren Aufgabe es ist, die Vorzündung des Motors auf die entsprechende Drehzahl abzustimmen. Die an diesem Gestänge vorhandenen Feststell-, Einstell- und Endschrauben sollen zwar bei Durchsicht des Motors auf festen Sitz geprüft werden, dürfen aber auf keinen Fall verdreht werden — das ist Sache des Fachmannes.

Transport des Motors

Die beste Transportlage für den Motor ist die Senkrechte. Das läßt sich allerdings im Kofferraum nicht verwirklichen. Eins darf jedoch beim Hineinlegen nicht passieren: Der Kopf darf nie tiefer als der Schaft liegen, denn dann tritt das ein, was für das Triebwerk schlimmste Folgen haben kann: Aus dem Auspuff läuft restliches Kühlwasser durch die Auspuffschlitze in den Zylinder, es entstehen im Handumdrehen Ausblühungen, da die Zylinderlauffläche keine homogene abgeschlossene Schicht ist, sondern zur besseren Schmierung porös gehalten wird, und die empfindlichen Lager rosten.

Transport und Lagerung des Außenborders. Besonders anfällig gegen Korrosion sind die Lager- und Laufflächen im Triebwerk, die schon innerhalb weniger Stunden nach Wassereinwirkung Rost ansetzen und damit unbrauchbar werden. Deshalb muß man beim Transport und beim Hochkippen des Motors darauf achten, daß der Schaft nie höher als der Kraftkopf steht, da sonst aus dem Auspuff Wasser in das Triebwerk gelangt.

Die beste Transportlage ist die senkrechte. Das setzt beim Trailern voraus, daß man beim Hängerkauf gleich darauf achtet, daß die Deichsel nicht von vorn bis nach hinten durchläuft (viele Segelbootshänger). Muß der Motor am Hänger schräg gekippt werden, darf er auf keinen Fall auf der Schaftraste (1) Skizze A liegen. Die Raste dient nur zum kurzzeitigen Hochkippen des Motors. Sie wäre sonst in kürzester Zeit ausgeschlagen und verbogen. Wenn Ihr Hänger einen Mittelholm hat, kippen Sie den Motor bis etwa 10 cm darüber, und fertigen Sie sich ein Stück Hartholz an, das Sie entweder, wie in der Zeichnung, zwischen die waagerechten oder senkrechten Flächen der Klemmwangen und Schaft stecken. Damit das Holzstück nicht verrutscht oder verloren geht, wird es mit Gummistropps festgebunden. So ein Stück Holz nimmt man auch, wenn der Motor keine Kippraste hat, oder wenn das Boot längere Zeit mit hochgekipptem Motor (er wird während der Liegezeit immer hochgekippt) am Steg bleibt.

Skizze B: Auch am Boot darf der Motor nie über die Waagerechte angekippt werden (auch nicht zum Propellerwechsel). Man sieht das auf Segelbooten und kleinen offenen Booten sehr häufig, wenn Angler oder Segler verhindern wollen, daß der Schaft beim Stampfen des Bootes nicht ins Wasser schlägt. Hier muß der Motor höher, aber niemals über die Waagerechte gekippt werden.

Skizze C: Auch beim Kofferraum-Transport wird in dieser Hinsicht viel gesündigt. Der Kopf muß so hoch wie irgendmöglich liegen, damit auch auf Bergfahrten kein Wasser ins Triebwerk gelangt. Bevor Sie den Motor in den Kofferraum legen, wird in senkrechter Stellung das Wasser gut abgelassen. Es gibt auch Motoren mit zusätzlichen Wasserablaßschrauben.

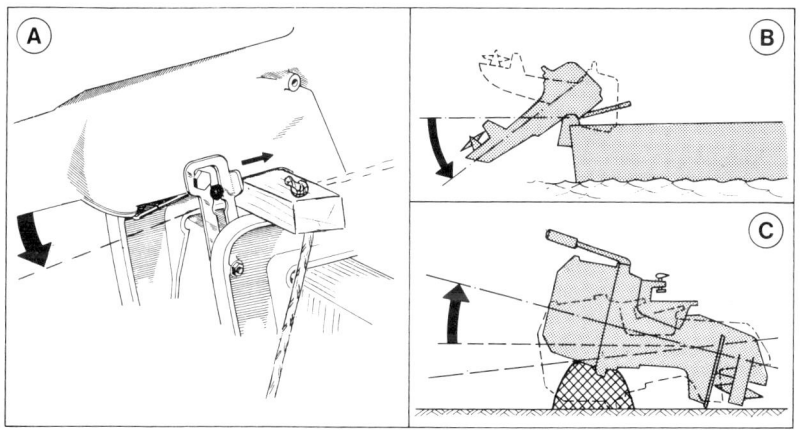

Hilfsantrieb auf Segelbooten

Für trailerbare Boote ist der Außenborder der brauchbarste Hilfsantrieb. Richtig benutzt ist er absolut ungefährlich und sehr zuverlässig, ganz im Unterschied zu kleinen Benzin-Einbaumotoren. Vor allen Dingen ist die Verwendbarkeit des Außenborders als Hilfsmotor auf Segelbooten viel empfehlenswerter geworden, seit auch die kleinen Motoren mit ausreichend starken Lichtspulen und sogar mit Lichtmaschinen ausgerüstet werden.

Erst ab einer Verdrängung von mehr als 1500 kg ist die Mehrinvestition und das sehr viel größere Gewicht einer Diesel-Einbaumaschine zu vertreten.

Um jedoch die Vorteile des Außenborders als Hilfsmotor voll auszu-
schöpfen, müssen einige grundlegende Dinge beachtet werden. Der
Außenborder leidet am meisten durch Betriebspausen, die über jenen
Zeitpunkt hinausgehen, in dem der vom Benzin/Ölgemisch im Triebwerk entstandene Ölfilm von den aus Kondensat und Verbrennungs-
rückständen entstehenden Säuren zersetzt wird und Lagerschäden auftreten. Doch auch das ist durch eine richtige Pflege zu vermeiden. Dazu
kommt der Umstand, daß auf Binnenrevieren die Korrosionsgefahr nicht
so groß ist wie auf Küstenrevieren. Hier jedoch ist der Motor viel mehr
in Betrieb, weil man für die Nachtfahrt nicht umhinkommt, ihn zum
Aufladen der Batterie laufen zu lassen, so daß die Betriebspausen auf
einen ungefährlichen Zeitraum schrumpfen.

Was im einzelnen zu beachten ist, finden Sie in den Skizzen rechts. Um
den Komfort so weit zu steigern, daß er mit dem einer Einbaumaschine
vergleichbar ist, wäre die Montage einer Fernschaltung sowie eines
E-Starters notwendig. Das ist jedoch bei außen gefahrenem Motor nur
bedingt zu empfehlen, da die Kabel immer abgeklemmt werden müssen.
Einfacher ist dies bei Motoren im Schacht durchführbar, doch beim
Schacht überwiegen andere Nachteile, vor allem die übermäßig starke
Korrosion durch Spritzwasser und die selten mögliche Staustellung des
Motors, in der das Unterwasserteil über der Wasserlinie zu liegen
kommt, sowie schlechte Luftzufuhr für die Verbrennung und die schwie-
rige Ableitung der Gase aus dem Nebenauspuff.
Eine Zeitlang war der Motor im Schacht sehr häufig zu finden, ist aber
heute sehr selten geworden.

Wichtig! Bevor Sie den Motor wegstauen, immer erst Benzinleitung
abnehmen und den Motor so lange laufen lassen, bis er abstirbt. Dann
sind der Vergaser und die Schwimmerkammer leer. Dies macht man
nicht nur, um zu verhindern, daß im Stauraum kein Benzin aus dem
Vergaser läuft, sondern auch um klebende Rückstände zu vermeiden,
die früher oder später zum Haken des Schwimmers führen und die
Querschnitte der Düsen verringern.

Anbau- und Staubeispiel für kleine Außenborder auf Segelbooten. Dies ist ein Vorschlag, wie sich die Stauprobleme, Fragen der Sicherheit und des Komforts lösen lassen. Sind die Backskisten groß genug, dann empfiehlt es sich, den Motorstauraum und den Tank um 1–2 m weiter nach vorne zu verlegen.
Wichtig sind die Abschottung gegenüber dem Wohnraum, eine gute Durchlüftung der Stauräume sowie die Staustellung des Motors.

Skizze A: (1) Motor in Fahrstellung; (2) Motor hochgeklappt, dem Wetter ausgesetzt und mit überstehendem Propeller; (3) Motor gestaut; (4) verlängerte Schiene der Aufhängung, um den Motor weiter nach vorne zu schieben, damit der Schaft nicht über das Heck ragt.

Skizze B: (1) Der Tank wird ganz an die Seite gesetzt und auf einer Sperrholzplatte befestigt; (2) der Stauraumdeckel wird als Lüftungsgitter ausgebildet; (3) der Tankverschluß mit Belüftungsschraube sollte an Deck hochgezogen werden; (4) die Brennstoffschlauchkupplung wird ebenfalls auf Deck montiert; (5) die Abluft der Stauräume muß von unten mit einem Rohr und einer Hutze abgeführt werden.

Skizze C: Der Motor wird durch ein einfaches Gestänge an das Ruder gekoppelt, kann auf diese Weise mit der Pinne gesteuert werden, ohne daß der Propeller das Ruder beschädigt.

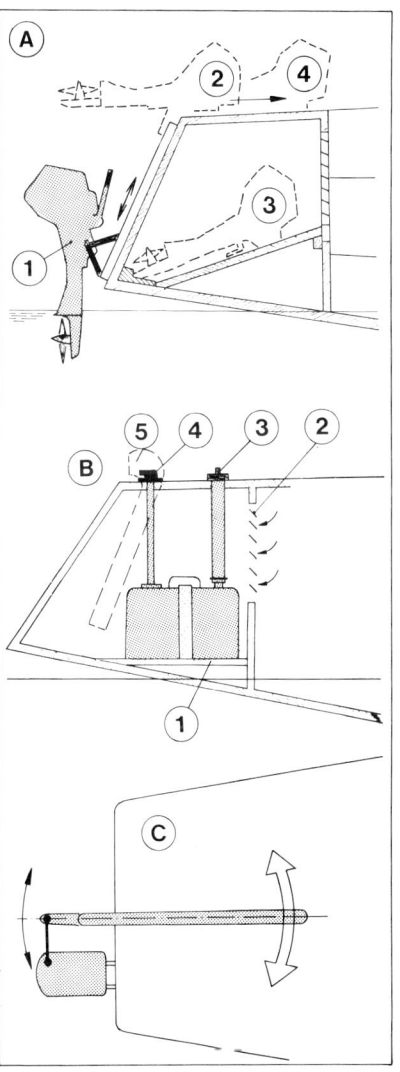

Notmaschine auf Motoryachten

Unzählige Küstenkreuzer fahren trotz ihrer starken Maschinen einen Außenborder als Notmotor. Sie erleben häufig eine böse Überraschung: Wenn der Motor nach Jahren einmal gebraucht wird, springt er nicht an, ja, er läßt sich nicht einmal durchdrehen, er ist festgegammelt.

Auch das ist zu vermeiden. Der Motor muß, wie im Abschnitt Winterlager beschrieben, konserviert sein. Der ganze Motor wird zusätzlich außen und unter der Haube mit Sprühöl konserviert und ohne Abdeckung senkrecht aufgestellt. Für den Noteinsatz werden grundsätzlich saubere Reservekerzen eingeschraubt, die der Skipper oder der Navigator im Kartentisch aufbewahrt. Der Tank muß kräftig geschüttelt werden, da sich das Öl abgesetzt hat, zuerst in den Motor gelangen würde und somit den Start unmöglich macht (Treibstoff einmal im Sommer verbrauchen).

Nach Gebrauch wird der Motor wieder gründlich konserviert und weggestaut (auch in Süßwasser durchspülen). Die Reserve-Kerzen werden sorgfältig gereinigt und trocken aufbewahrt. Nur so kann man sich auf den Motor verlassen.

Seemannschaft mit dem Motor

Den Umgang mit Segeln nicht in die Seemannschaft einzuschließen, würde kaum jemandem einfallen. Wenn es jedoch um Motoren geht, besteht diesbezüglich Uneinigkeit. Doch der Motor ist wie die Segel je nach Bootsart Haupt- oder Hilfsantrieb, und deshalb gehört seine Handhabung sowie die Reparatur in einem ganz bestimmten Umfang zur Seemannschaft. Unabhängig von Ihrer fachlichen Eignung müssen Sie in der Lage sein, bestimmte Arbeiten am Motor durchführen zu können, um sich nicht dem Vorwurf auszusetzen, als Eigner eines Bootes fahrlässig gehandelt zu haben.

Binnen ist das nicht so genau zu nehmen, an der Küste jedoch gehört das zur Seemannschaft wie die Tatsache, einen Knoten binden zu können. Auch wenn Sie alles richtig machen, wird der Tag kommen, an dem der Motor zu streiken beginnt. Dieser Tag läßt sich verschieben durch:
● richtige Handhabung
● richtige Pflege und Wartung.
Verhindern läßt sich der Tag jedoch nicht, früher oder später wird der Motor typische Schwächen zeigen. Um größeren Schaden zu vermeiden und den Betrieb einwandfrei fortsetzen zu können, muß möglichst schnell die Ursache der Störung gefunden werden.

Fehlersuche

Im Normalfall kann man davon ausgehen, daß der Motor läuft, wenn er das richtige Gemisch (Luft/Benzin) vom Vergaser bekommt und einen normalen Zündfunken hat.
Deshalb kommen in erster Linie das Kraftstoff- und E-System für die Überprüfung infrage, um einen Defekt einzukreisen.
Die folgenden 10 Punkte sind typische Erscheinungsformen bei auftretenden Defekten. Von ihnen ausgehend, wird die Ursache des Mangels gesucht und beseitigt.
 1. Startschwierigkeiten (s. Seite 52)
 2. Unregelmäßiger und falscher Leerlauf (s. Seite 53)
 3. Leistung nimmt ab (s. Seite 54)
 4. Motor zittert (s. Seite 55)
 5. Motor läuft − Boot kommt nicht auf Geschwindigkeit (s. Seite 56)
 6. Motor läuft einige Zeit im Leerlauf, bleibt dann stehen (s. Seite 57)
 7. Rauchentwicklung und unregelmäßiger Lauf (s. Seite 57)
 8. Motor zündet, dreht aber nicht durch, Fehlzündungen (s. Seite 58)
 9. Schlechter Übergang von Leerlauf zu höherer Drehzahl − Vollgasdrehzahl wird nicht erreicht (s. Seite 58)
10. Motor stirbt ab, wenn der Gang eingelegt wird (s. Seite 59)

1. Startschwierigkeiten

a) Allgemeine Voraussetzungen
für einen einwandfreien Start

● *Drehgasgriff in Startstellung*
● *Getriebeschalthebel auf Neutral*
● *Kraftstoff im Tank*
● *Benzinschlauchkupplungen richtig angeschlossen*
● *Ballpumpe an der Tankseite*
● *Liegt Kraftstoffleitung frei?*
● *Hat Kraftstoffleitung keine Kinken?*
● *Ballpumpe betätigt?*
● *Kalter Motor — Choke weit genug herausgezogen?*
● *Warmer Motor — Choke gezogen und Motor abgesoffen? (Abhilfe: Choke reindrücken, Kraftstoffleitung am Motor abziehen, Motor durchdrehen, bis der Kraftstoff raus ist)*

Versuchen Sie nun zu starten. Bleibt das wieder ohne Erfolg, ist die Ursache unter der Haube zu finden.
Es sind jetzt zwei Wege wahrscheinlich. Zu empfehlen ist aber, bei der Zündung anzufangen.

b) Überprüfung der Zündung

● *Prüfen Sie den Sitz der Zündkerzen-Kabelstecker an beiden Seiten. Versuchen Sie zu starten*
● *Kerzen herausdrehen und Kerzengesicht prüfen (s. Seite 62)*

Wenn der Funke stark ist, muß das Brennstoffsystem überprüft werden.

c) Brennstoffsystem
(richtige Vergasereinstellung
vorausgesetzt — Seite 45)

● *Kommt Brennstoff beim Pumpen, dann liegt der Defekt in Richtung Vergaser (s. Seite 78)*
● *Kommt kein Brennstoff beim Pumpen, liegt der Defekt in Richtung Tank (s. Seite 83)*

Sollte auch dies nicht zu einem befriedigenden Ergebnis führen, könnte die Ursache noch an den Steuerorganen selbst liegen.

d) Steuergestänge
Choke
Gas/Zündung

● *Prüfen Sie die Funktion des Chokes (s. Seite 35)*
● *Sind die Endschrauben für Gas und Zündung fest? Sind Gestänge und Lager sowie Federn in Ordnung? (s. Seite 45)*

Sollte der Motor jetzt noch nicht anspringen, sind Sie gezwungen, eine Werkstatt aufzusuchen.

2. Leerlaufdrehzahl falsch, oder Motor dreht unregelmäßig

a) Vergasereinstellung

● *Es kann an der Leerlaufdüse liegen, die zu mageres oder zu fettes Gemisch liefert (s. Seite 45)*
● *oder die Gasanschlagschraube ist verstellt (s. Seite 45)*

b) Zündkerze schadhaft

● *(s. Seite 62)*

c) Kraftstoffmischung

● *zu viel Öl im Benzin*
● *minderwertiger Treibstoff*
● *Tank hat zu lange gestanden, das Öl hat sich abgesetzt (schütteln)*

d) Synchronisation von Gas/
Zündung

● *mit der Drosselklappenstellung wird die Zündung „synchron" verstellt. Es kommt vor, daß sich eine Verstellschraube gelockert hat (s. Seite 45)*

e) Tritt nur auf, wenn Haube
aufgesetzt ist

● *Auspuffsammler ist undicht,
Schrauben nachziehen oder neue
Dichtung (Werkstatt)*

Wenn der Motor noch immer nicht will, kann nur der Spezialist helfen.
Es kann sich z. B. um Undichtigkeiten im Kurbelgehäuse handeln.

3. Leistung nimmt ab

a) Leistung nimmt plötzlich ab

● *Plastiktüte, Angelschnur oder
sonstige nicht durch einen Schlag
spürbare Dinge im Propeller (frei
machen)*
● *Scherstift gebrochen und verklemmt (austauschen, Seite 86)*
● *Rutschkupplung hält nicht (Seite 87)*

b) Leistung nimmt allmählich ab

● *Bootsboden bewachsen (reini-
gen)*
● *Zündkerzen prüfen (Seite 62)*
● *Vergaser falsch eingestellt (s.
Seite 45)*
● *Filter zunehmend verstopft
oder vom Wasser gesperrt
(s. Seite 78)*
● *Kühlwassereingang verstopft,
oder das System arbeitet nicht
richtig (Pumpen-Läufer s. Seite 66)*
● *Zündeinstellung verschoben.
Das ist, außer bei einigen Motoren
mit Schwungradmagnetzündung,
eine Sache für den Fachmann.
Ganz besonders gilt das für kon-
taktlose Zündungen*
● *Im Laufe der Zeit wird die*

Membran der Benzinpumpe zu hart oder zu porös (s. Seite 79)

● *Ist die Membran in Ordnung, kann die Unterdruckleitung zum Kurbelgehäuse verstopft sein (s. Seite 79)*

● *Nach Verwendung von falschem Öl (25:1), falscher Einstellung des Vergasers oder mangelhafter Pflege tritt eine Verkokung der Zylinder und der Kanäle ein. (Bei leichten Fällen hilft ein Reiniger, s. Seite 70), sonst muß der Motor in die Werkstatt*

● *Auch festgebrannte oder verbrauchte Kolbenringe sind ein Fall für die Werkstatt.*

4. Motor zittert

Wenn der Motor nur im Rückwärtsgang zittert, ist das ziemlich normal, da er an den Haken der Kipp-Sperre zieht. Auch im Leerlauf sind besonders Einzylinder-Motoren etwas unruhiger als unter Belastung. Doch dieses Maß sollten Sie sich gleich von Anfang an einprägen, um später ein „Zittern durch Defekt" zu erkennen.

a) Motor fängt im Leerlauf stärker an zu zittern

● *Lenkungsdämpfung zu lose (Einstellschraube nachziehen)*

b) Motor fängt an, unter Belastung zu „zittern"

● *Propeller beschädigt oder durch Plastiktüte, Angelschnur usw. unwuchtig geworden. (Prüfen und u. U. Reservepropeller aufsetzen. Dadurch bekommen Sie Klarheit, ob es am Propeller gelegen hat, da nicht jede Unwucht optisch erkennbar ist (s. Seite 85)*

● *Vergaser prüfen (Ist Choke-klappe ganz offen? Ist Gemisch vielleicht zu fett? Kann die Schwimmereinstellung zu hoch sein?)*

● *Hatten Sie bisher keinen Erfolg, müssen Sie die Schwingmetalle in Augenschein nehmen (s. Seite 109)*

5. Motor läuft normal — Boot kommt aber nicht auf Geschwindigkeit

a) Boot kommt gar nicht auf Geschwindigkeit

● *Propeller verloren (Reserve-Propeller anbauen, Seite 86)*

● *Plastiktüte im Propeller, so daß dieser leer dreht*

● *Scherstift gebrochen (erneuern Seite 86)*

● *Rutschkupplung defekt (neuen Propeller anbauen, s. Seite 87)*

b) Boot kommt nicht auf volle Geschwindigkeit

● *Propeller so verbogen, daß die Steigung raus ist, jedoch keine große Unwucht vorliegt (Reserve-propeller anbauen)*

● *Propeller verkrautet oder Angelschnur und ähnliches aufgewickelt (Seite 86)*

c) Boot kommt etwas auf Geschwindigkeit, dann dreht Motor hoch, ohne jedoch die Geschwindigkeit zu erhöhen

● *Scherstift gebrochen und verklemmt (Seite 86)*

● *Rutschkupplung faßt bei bestimmter Belastung nicht mehr (Seite 87)*

6. Motor läuft – bleibt nach einiger Zeit stehen

a) ohne schwerwiegende Folgen

● *Tankbelüftung geöffnet, aber verstopft (versuchen Sie, den Motor mit geöffnetem Tankdeckel laufen zu lassen (Seite 83)*

● *Filter verstopft (Seite 78), sonst in Richtung Vergaser suchen (Seite 79)*

● *Daß es Zündkerzen mit zu hohem Wärmewert sind, ist auszuschließen, da Sie nur vom Hersteller genannte Kerzen verwenden*

b) mit schwerwiegenden Folgen

● *Zu wenig Öl im Treibstoff (Reibschäden im Triebwerk) – Zündkerzen heraus, Gang auf neutral. Versuchen Sie jetzt, den Motor von Hand durchzudrehen. Geht das schwer, unregelmäßig oder gar nicht, muß der Motor in die Werkstatt*

7. Rauchentwicklung und unregelmäßiger Lauf

a) Ursache in der Benzin/Öl-Mischung

● *Pumpe saugt vorwiegend Öl, Tank zu lange gestanden (Tank schütteln). Unter Umständen Filter öffnen (Seite 78), mit Ball einige Male pumpen, um Reste aus der Leitung zu drücken. Filter wieder schließen, Zündkerzen prüfen (Seite 62)*

● *Zu viel Öl im Treibstoff (Benzin zugießen und schütteln) und weiter wie oben verfahren*

57

b) Ursache im Kurbelgehäuse

● *Dränage-System (s. Seite 44)*

c) Ursache auf Auspuffseite

● *Auspuff undicht, so daß Gase vom Vergaser angesaugt werden (ziehen Sie die Schrauben am Auspuffdeckel und -sammler nach, und fahren Sie ein Stück ohne Haube). Ist der Lauf einwandfrei, wird Haube aufgesetzt. Tritt die gleiche Erscheinung wieder auf, Dichtung austauschen*

8. Motor zündet — dreht aber nicht durch — es entstehen Fehlzündungen

a) Bei Ein- und Mehrzylinder-Motoren

● *Zündkerzen prüfen (s. Seite 62)*
● *Zündzeitpunkt verschoben (Prüfen der Synchronisation s. Seite 45), Zündeinstellung prüfen (Werkstatt)*
● *Keil der Schwungscheibe abgeschert (Werkstatt), ist bei den meisten Motoren nicht mit bloßem Auge feststellbar*

b) Nur bei Mehrzylinder-Motoren

● *Zündkerzenkabel vertauscht (berichtigen)*

9. Schlechter Übergang vom Leerlauf zu höheren Drehzahlen und zu niedrige Vollgasdrehzahl

a) Ursache im Bereich Zündung

● *Zündkerzen prüfen (Seite 62)*
● *Synchronisation überprüfen (Seite 45)*

b) Ursache im Brennstoffteil

● *Filter teilweise verstopft (reinigen, Seite 78)*
● *Brennstoffpumpe fördert zu wenig (Seite 79)*
● *Leerlaufeinstellung falsch (Seite 45)*

c) Ursache im Triebwerk

● *Zylinder sowie Spül- und Auslaßschlitze verkokt. (In leichten Fällen hilft ein Motorreiniger, Seite 70)*

10. Motor stirbt ab, wenn man Gang einlegt

a) Wenn die Leerlaufdrehzahl stimmt

● *Fremdkörper im Propeller. Das muß nicht bei hochgekipptem Propeller zu sehen sein (Seite 86)*
● *Getriebe schadhaft (Reibschäden, Abnutzungserscheinungen, Teile verbogen? (Werkstatt)*

b) Ursache in zu niedriger Leerlaufdrehzahl oder falscher Gemischeinstellung

● *Die zusätzliche Last durch Einschalten des Propellers genügt, um Motor abzuwürgen (Seite 45)*

Pflege und Wartung

Ein Motor besteht gezwungenermaßen aus einer Vielzahl von Materialien. Im Hinblick auf die technische Langlebigkeit und Funktionstüchtigkeit stehen für die Auswahl der Materialien ganz andere Gesichtspunkte im Vordergrund, wie sie für die Widerstandsfähigkeit gegen Witterungseinflüsse und insbesondere die stark korrodierenden Eigenschaften des Seewassers notwendig wären.

Bezogen auf diese beiden Gesichtspunkte ist der Motor deshalb immer ein Kompromiß. Aus diesem Grund kann man seiner mangelnden Korrosionsbeständigkeit nur durch sorgfältige Pflege begegnen.

Man muß grundsätzlich folgendes unterscheiden:

● Das Triebwerk (Kolben, Pleuel, Kurbelwelle und Zylinder) mit den Lagern und Laufflächen wird im Betrieb durch den Ölzusatz im Benzin geschmiert.

● Das Getriebe läuft in einem Ölbad und ist ständig geschmiert.

● Daneben hat der Motor aber noch eine ganze Menge blankes Metall, das binnen kurzer Zeit nicht nur unansehnlich, sondern auch die notwendige Gängigkeit für den Betrieb verlieren würde (Hebel, Knöpfe und Lager).

Für diese Teile gibt es einen Abschmierplan in jeder Betriebsanleitung, der in verschiedenen Intervallen genau zu befolgen ist.

Weitere Gesichtspunkte, die, nicht befolgt, einen Motor frühzeitig zu einem Schrotthaufen machen:

● Im Bereich des Unterwasserteils liegen verschiedene Metalle sehr nahe beisammen. Hier entstehen besonders im Seewasser starke galvanische Ströme, die in kurzer Zeit jeweils das „unedelste Metall" am stärksten anfressen. Dies versucht man vorwiegend durch einen Zinkschutz (an der Kavitationsplatte oder am Bootsspiegel) zu bekämpfen, d. h. man beseitigt nicht die galvanischen Ströme (das ist kaum möglich), sondern gibt ihnen ein Stück Metall (Zink), das sie abbauen können, ohne andere Metalle zu zerfressen.

● Als nächstes ist zu berücksichtigen, daß durch den ständigen Wechsel des Mediums (Luft/Wasser) auch die normale Oxydation (rosten) eine große Rolle spielt. Hier ist der Schutz blanker Metalloberflächen entschieden einfacher. Unternimmt man aber nichts, dann blüht in kurzer Zeit das Aluminium des Schaftes aus, die Messingteile setzen Grünspan an, und Stahl rostet bis zur Unbrauchbarkeit.

Deshalb teilen sich die Pflegearbeiten in zwei Gruppen:

In den oben beschriebenen Abschmierplan und in die je nach Bedarf anfallende Pflege, z. B. bei Propellerwechsel die Welle mit wasserfestem Fett einreiben oder die abgekratzte Farbe am Gehäuse (auch über Wasser) ausbessern.

Ganz besonders wichtig ist das richtige Konservieren des Motors während längerer Betriebspausen. Das gilt speziell für das Winterlager, aber auch für längere Betriebspausen, z. B. Rückfahrt per Trailer aus einem Seerevier nach dem Urlaub und der großen Wahrscheinlichkeit, daß der Motor dann noch einige Wochen herumsteht, oder nach einem Transport, bei dem man nicht sicher ist, ob nicht der Kraftkopf irgendwann niedriger lag als der Schaft, und Reste von Wasser in das Triebwerk eingedrungen sind usw.

Die größte Betriebspause ist das Überwintern des Motors. In dieser Zeit kann der Motor mehr Schaden leiden als in einem vollgas- und fahrstundenreichen Sommer.

Laufende Pflege und Wartung

Wenn man es richtig machen will, muß von vornherein klargestellt werden:

● Pflege und Wartung sind vorbeugende Maßnahmen, d. h.: durch regelmäßige Kontrollen und pflegende Maßnahmen werden Verschleiß und ein Abnehmen der Funktionstüchtigkeit vermieden bzw. frühzeitig erkannt und beseitigt.

● Nur unter diesen Voraussetzungen ist die wirklich gegebene lange Lebensdauer und Zuverlässigkeit des Motors zu erreichen bzw. zu erhalten.

Selbstverständlich ist, daß man alle in der Pflege- und Wartungsanleitung von Herstellern genannten Arbeiten regelmäßig und sorgfältig durchführen muß. Doch auch die vom Hersteller zusammengetragene Liste ist nur auf durchschnittliche Erfahrungswerte aufgebaut. Wer diese Pflege stur nach diesem Schema durchführt, ist falsch beraten. Man muß von Anfang an versuchen, sein Gefühl und Auge zu schulen, um die außerhalb dieses Schemas entstehenden Mängel frühzeitig zu verhindern (siehe Skizzen dieses Kapitels).

Zündkerzengesicht, Diagnose der Verbrennung

Die Bedeutung des Zündkerzengesichtes kann man gar nicht hoch genug einschätzen. Gemeint ist damit der sichtbare Zustand der Zündkerzenelektroden und des Isolators.

Farben, Art des Belages und Zustand der Elektroden spiegeln die schwerkontrollierbaren Vorgänge in der Brennkammer wieder und lassen Rückschlüsse auf die Funktion aller betriebswichtigen Motorsysteme zu. Fehler in der Einstellung des Vergasers, mangelnde Brennstoffqualität, verringerte Kühlwasser-Durchflußmenge und vieles mehr lassen sich daraus ersehen, meist so früh, daß man größeren Schaden oder schwere Defekte rechtzeitig beheben kann, um teure Reparaturen zu verhindern.

Jeder Eigner sollte sich die für seine Zündkerze zutreffende Seite (64 oder 65) einprägen, selbst dann, wenn sein handwerkliches Selbstvertrauen nicht zu mehr reicht, als die Kerze rein- und rauszuschrauben.

Achtung! Verwenden Sie unbedingt die für den Motor vorgeschriebenen Zündkerzen. Ein falscher Wärmewert, zu große Gewindelänge usw. können verheerende Folgen für den Motor haben.

Die Zündkerzen werden von Hand (! ohne Fett !) eingesetzt. Geht es mit der Hand nicht mehr, wird mit dem Kerzenschlüssel höchstens $1/2$ Umdrehung weiter gedreht. Wenn Sie eine „kalte" Zündkerze in den betriebswarmen Motor einsetzen, dürfen Sie mit dem Kerzenschlüssel nicht mehr als $1/4$ Umdrehung nachziehen, sonst bekommen Sie die Kerze nie mehr aus dem Motor heraus.

Bei Außenbordern werden je nach Art des Zündsystems zwei verschiedene Zündkerzen eingesetzt.
(A) Die normale Zündkerze mit einer Massen-Elektrode (1) und darunter liegenden Mittelelektrode (2), die vom Isolator (3) umschlossen ist. Verwendung bei normalen Schwungrad-Magnetzündungen.
(B) Die Zündkerze mit Ringelektrode (1), die der Massen-Elektrode entspricht. Mittelelektrode (2); Isolator (3). Verwendung bei elektronischen Zündanlagen.
(C) Hauptteile außen: (1) = Steckerhülse; (2) = Isolator; (3) = Mutter; (4) = Dichtungsscheibe; (5) = Gewinde.

Ob man einen Funken an der Kerze hat, läßt sich prüfen. Die Kerze wird mit dem Gewinde an eine blanke Stelle des Motors gehalten (Schraube oder ähnliches, aber nicht in Vergasernähe). Dann wird der Handstarter gezogen. Springt ein Funke über, ist die Zuleitung in Ordnung, der Defekt ist auf der Brennstoffseite zu suchen.
Bei Zündanlagen mit außenliegenden Zündtrafos muß die Zündkerze am isolierten Kerzenstecker mit einer Zange festgehalten werden, die

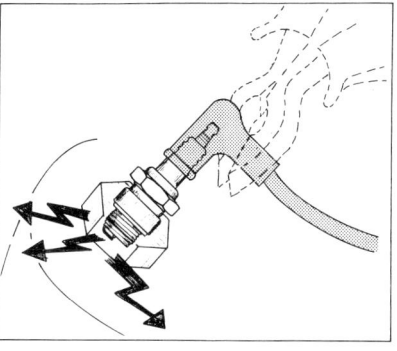

ihrerseits wieder isolierte Griffe hat, da es vorkommen kann, daß die Spannung durchschlägt und man ganz schön einen gewischt bekommt.

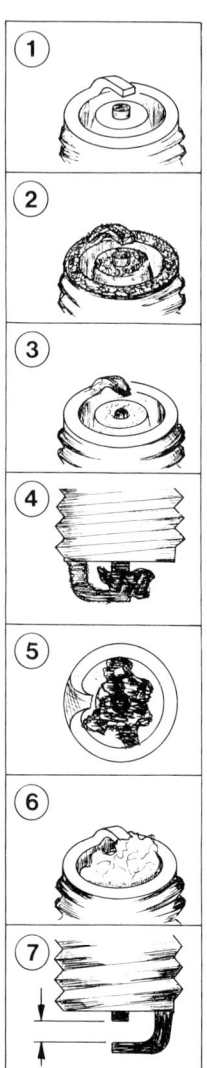

Zündkerzengesicht der normalen Kerze.

(1) Farbe: rot- bis gelbbraun oder grau; Belag: so gut wie keiner; Elektroden: nicht abgebrannt (nicht angefressen); Kerze: richtig; Motoreinstellung: in Ordnung.

(2) Farbe: schwarzbraun; Belag: feucht, schmierig, rußig; Ursache: zu lange Langsamfahrten, Vergaser liefert zu fettes Gemisch (Leerlaufeinstellung), zu viel Öl im Treibstoff, Dränagesystem arbeitet nicht richtig, Unterbrecherkontakte verbraucht, Zündspannung zu niedrig, falsche Zündkerze (Wärmewert zu hoch).

(3) Farbe des Isolators: weiß bis grau; Belag des Isolators: bläschenartig; Ursache: zu viel Frühzündung, Kühlwassermenge zu gering (Wasserpumpe defekt, Verstopfung im Kühlsystem, zu viel Schlamm, Kesselstein oder Salz im Kühlwassermantel), Falschluft im Kurbelgehäuse oder zu mageres Gemisch (Vergaser). Kolbenringe sitzen fest (Werkstatt). Falsche Zündkerzen (Wärmewert zu niedrig).

(4) Belag: Brückenbildung zwischen den Elektroden. Die Elektroden sind durch feste Verbrennungsrückstände kurz geschlossen. Ursache wie 5.

(5) Brückenbildung im Innenteil. Belag: klumpenartig, oft mit Glasbläschen und ascheähnlich; Ursache wie (4). Die Brückenbildung entsteht durch umherfliegende Verbrennungsreste. Sie bilden sich durch: starke Kohleablagerung (schlechtes Öl), Vollgasfahrt gleich nach längerem Langsamtörn. Zu viel Öl im Benzin.

(6) Farbe: metallischgrau: Belag: klumpenartig fest. Es handelt sich um abgeschmolzenes Aluminium. Ursache: Frühzündung durch zu hohe Temperatur des Isolators, (falsche Zündkerze). Sollte dieser Fall eintreten, geht vorher die Leistung stark zurück. Der Motor darf nicht ohne Werkstattkontrolle einfach durch andere Zündkerzen wieder in Betrieb genommen werden. Bei richtigen Kerzen äußerst selten.

(7) Der richtige Abstand der Elektroden ist für die Qualität des Funkens von größter Bedeutung. Mit einer Lehre (Spion) kann er gemessen werden. Durch leichtes Klopfen oder Aufbiegen kann der Abstand der Elektroden verändert werden. Das richtige Maß steht in der Betriebsanleitung.

Zündkerzengesicht der Kerze mit Ringelektrode.

(1) Farbe: hellbraun bis grau; Belag: mäßig; Elektroden: leicht abgenutzt. Kerze, Zündsystem und Motoreinstellung sind in Ordnung.

(2) Farbe: hellbraun bis metallisch; Belag: fast keiner; Elektroden: stark abgenutzt (Mittelelektrode). Kerze verursacht bei schneller Beschleunigung oder beim Start Fehlzündungen (austauschen).

(3) Farbe: braun bis schwarz; Belag: mäßig, aber feucht ölig; Ursache: Motor abgesoffen, zu viel Öl im Treibstoff, zu fette Leerlaufeinstellung. Eine weitere Ursache kann zu niedrige Zündspannung sein (Werkstatt).

(4) Farbe: rußigschwarz; Belag: samtig, aber mäßig; Ursache: Gemisch zu fett (Gemischschraube); schwache Zündung, verzögerter Zündzeitpunkt, zu geringe Verdichtung (alles Werkstatt). Zu viel Leerlaufbetrieb oder Langsamfahrt.

(5) Zustand wie (1), jedoch sternförmige Bahnen am Isolator. Sie sind leitfähig und schließen die Elektroden kurz (Kriechwegbildung), wodurch Fehlzündungen entstehen (reinigen oder erneuern).

(6) Zustand der Kerze normal ohne Belag. Am Isolator zeigen sich sternförmige Einkerbungen (Kanalbildung). Sie werden durch Ablagerungen überdeckt und führen zu Fehlzündungen. Der Isolatorabbrand verstärkt sich (erneuern).

(7) Farbe: verschieden von blau über braun bis metallisch; Belag: kaum; Isolator: sternförmige, schmale und breite Bahnen (Bogenkonzentration), die vom Funken stammen, sie ändern sich je nach Abbrand und Ablagerungen auf dem Isolator. Zustand ist als normal zu betrachten.

(8) Farbe: metallisch-grau; Belag: beträchtlich und hart verkrustet, schmelzartig. Sofern die richtige Zündkerze verwendet wurde, ist dies ein Fall für die Werkstatt. Es kommt glücklicherweise selten vor. Wenn Sie jedoch weiterfahren, werden die Kosten sehr hoch sein, da es sich um eine Folge von Glühzündung handelt (abgeschmolzenes Metall).

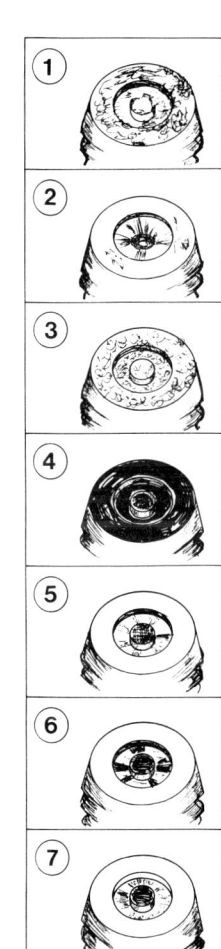

Winterlager

Sehr viel schwieriger ist jedoch zu entscheiden, wie man sich zu den Empfehlungen des Herstellers stellt, den Motor in regelmäßigen Abständen, jedoch mindestens einmal im Jahr (im Herbst) vor dem Winterlager, in die Werkstatt zu bringen, um den Motor nicht nur einwintern zu lassen, sondern auch gleich alle notwendigen, ebenfalls vorbeugenden, Funktionskontrollen durchführen zu lassen.

Was die Winterüberholung für den Laien empfehlenswert macht, ist die Tatsache, daß er durch diese Arbeiten ein sehr viel besseres Verhältnis zu seinem Motor bekommt, was sich schließlich im Betrieb sehr positiv auswirkt. Dazu kommt, daß man sich mit den Details mehr Zeit läßt. Die Routiniers in der Werkstatt müssen einen Motor mittlerer Leistung in 2 Stunden durchziehen, um die Preise halten zu können. In dieser Zeit ist nicht zu erwarten, daß sie eine so zeitraubende Arbeit wie beispielsweise eine gründliche Vergaserreinigung vornehmen. Andererseits ist der Rat der Hersteller, den Motor jedes Jahr zur Kontrolle und Konservierung in die Werkstatt zu geben, nicht zu unterschätzen.

Man sollte sich folgenden Rhythmus angewöhnen:

Nach dem Einlaufen (20 Stunden) ist der Motor in der Werkstatt kontrolliert worden.

Erstes Winterlager — sofern kein Verdacht auf Leistungsabfall, Verschiebung des Zündzeitpunktes oder irgendwelche Störungen durch das Zündkerzengesicht feststellbar sind — wird selbst durchgeführt.

Zweites Winterlager — der Motor wird in die Werkstatt gebracht und dort einer fachmännischen Kontrolle unterzogen.

Drittes Winterlager kann unter den Voraussetzungen wie das erste wieder selbst übernommen werden.

Viertes Winterlager — der Motor wieder in die Werkstatt.

Dieser Rhythmus ist nicht nur wegen der nach 2 Jahren zu empfehlenden Kontrolle der Systeme wichtig. Es ist vor allem die Tatsache zu berücksichtigen, daß, unabhängig von den Fahrstunden, der Läufer der Kühlwasserpumpe mit größter Wahrscheinlichkeit ausgetauscht werden muß. Das wird in der Werkstatt durch einen Drucktest geprüft.

Hier eine Übersicht der Kontrollen und Arbeiten, die Ihnen die Fachwerkstatt (je nach Marke etwas unterschiedlich) bietet:

1. Laufen des Motors im Testbecken mit Drehzahlmessungen
2. Durchspülen des Kühlsystems
3. Starter prüfen
4. Zündung prüfen mit gleichzeitigem Drehzahltest
5. Vergaser auf Funktion prüfen
6. Zündkerzen prüfen und reinigen
7. Wasserpumpe auf Leistungsmenge messen und Kühlwasserkreislauf abdrücken
8. Benzinpumpe auf Leistung prüfen
9. Thermostat prüfen
10. Getriebe auf Funktion und Laufgeräusch prüfen
11. Getriebeölwechsel und Propellerwelle auf Schäden prüfen
12. Motor nach Schmierplan abschmieren
13. Tank prüfen
14. Abschließender Probelauf im Testbecken, wo der Motor gleich konserviert wird.

Solide Fachwerkstätten bieten für die Einlagerung und Überholung von Motoren je nach Leistung Pauschalpreise an mit jeweils genau beschriebenem Arbeitsumfang.

Was Sie von einer guten Werkstatt dafür bekommen, ist eine fachgerechte Reinigung, Konservierung und Überprüfung aller betriebswichtigen Systeme. Die Preise steigen natürlich entsprechend, wenn durch Verschleiß zusätzliche Reparaturen anfallen. Getriebeöl und Reinigungs- sowie Konservierungsmittel werden extra berechnet.
Es ist üblich, den Motorbesitzer anzurufen und mit ihm anfallende Reparaturen, die den Rahmen der Pauschal-Preise sprengen würden, zu besprechen.

Wenn Sie den Motor selbst einwintern, sind folgende Arbeiten durchzuführen:

1. Motorkuli bauen oder kaufen
2. Motor in Süßwasser laufen lassen
3. Triebwerk reinigen und konservieren
4. Motor äußerlich säubern
5. Benzinfilter, -pumpe, Vergaser und Tank reinigen
   (s. Kapitel Reparatur Seite 78)
6. Alle Muttern und Schrauben kontrollieren
7. Alle beweglichen Teile einfetten
8. E-Anlage (s. Reparatur und Zündkerzengesicht Seite 62)
9. Getriebeölwechsel
10. Außenhaut säubern und einwachsen
11. Alle 14 Tage Motor von Hand weiterdrehen.

Am besten ist die Lagerung des Motors in einem geheizten und in der Temperatur gleichbleibenden Raum. Man muß annehmen, daß durch ständigen Temperaturwechsel im Triebwerk Kondensat aus der Luftfeuchtigkeit entsteht und sich an den Lagern und auf der Zylinderlauffläche staut, was schließlich zu der Gefahr führt, daß die Konservierungsschicht mit der Zeit durchdrungen wird und Oxydationsschäden entstehen. Deshalb sollte der Motor alle 14 Tage etwas weitergedreht werden, wodurch ein solcher Lagerschaden verhindert wird.

Die wichtigste Voraussetzung für eine vernünftige Pflege und Lagerung ist ein Motorkuli. Wenn man den Motor vom Boot nimmt und ihn irgendwo an die Wand stellt, unterbleiben viele Arbeiten, weil man nicht richtig an den Motor herankommt. Es gibt im Handel Ständer verschiedener Art, die je nach Konstruktion bis zu einigen 100 DM kosten.
Skizze A: Nach dem Prinzip der Sackkarre mit großen Rädern, die auch den Transport des Motors über Wiesen und Strand ermöglichen. Wer mit Rohren um-

gehen kann und das entsprechende Werkzeug besitzt, kann sich so einen Kuli selbst bauen oder eine alte Sackkarre entsprechend umrüsten.

Skizze B: Diese Ständer sind relativ preiswert, haben jedoch den Nachteil, daß man den Motor nicht kippen kann. Er wird mit der Kavitationsplatte in den Ständer geschoben.

Skizze C: Für die Mehrzahl aller Motoreigner ist die Holzversion die einfachste. An ein dickes Spiegelbrett (1) wird ein Gestell aus Dachlatten (2) + (3) geschraubt. Der untere Rahmen (3) wird durch eine Platte (4) verstärkt. Um das Gestell fahrbar zu machen, kann man Rollen (5) unter die Platte schrauben. Wählen Sie die Höhe so, daß Sie zum Getriebeölwechsel noch gut eine Wanne unter den Schaft stellen können.

Die Wanne bleibt später gesäubert den Winter über unter dem Motor. Auf diese Weise haben Sie gleich eine Leckage-Kontrolle. Öltropfen können zweierlei Herkunft sein: 1. Im Laufe des Winters tropft das Konservierungsöl durch den Auspuff. Das ist bedeutungslos. 2. Das Getriebe ist am Wellenausgang oder an den Verschlußschrauben undicht. Es muß unbedingt Abhilfe geschaffen werden. Für die Verschlußschraube reicht wahrscheinlich eine neue Dichtung. Bei Leckagen am Wellenausgang muß man mit ziemlicher Sicherheit in die Werkstatt (s. auch Propellerwechsel).

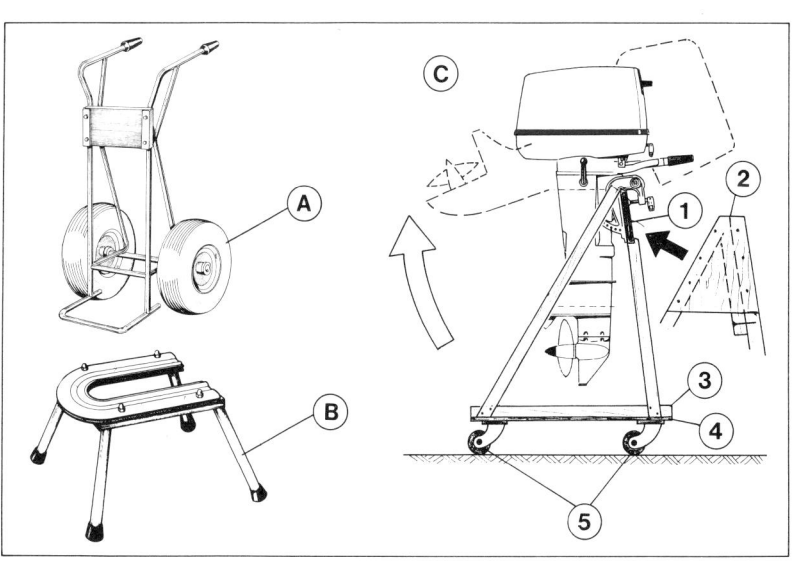

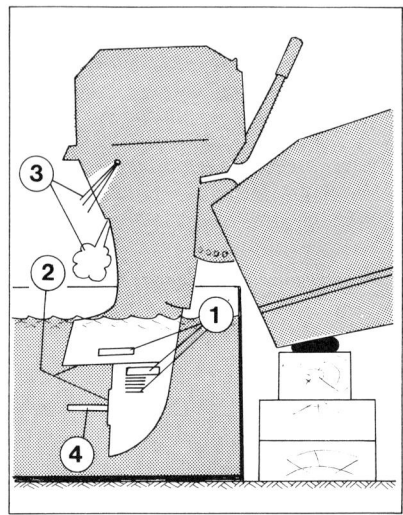

Durchspülen des Kühlwassermantels.
Hat Ihr Motor einen Anschluß für den Gartenschlauch, wird nach Betriebsanleitung durchgespült.
Sonst muß der Motor nach dem Salzwasserbetrieb noch im Süßwasser gefahren werden, besonders vor der Heimfahrt von fernen Salzwasserrevieren. Hier bietet sich die Möglichkeit, ein aufgeschnittenes Benzinfaß unter den Motor zu stellen und ihn durchzuspülen.
Wichtig: Vor dem Durchspülen Kühlwassereingang (1), Kühlwasserausgang (2) und Kontrollkanal (3) reinigen.
Achtung! Der Propeller (4) muß abgenommen werden, da er sonst vom Kühlwassereingang das Wasser wegsaugt. Nur halbes Gas!

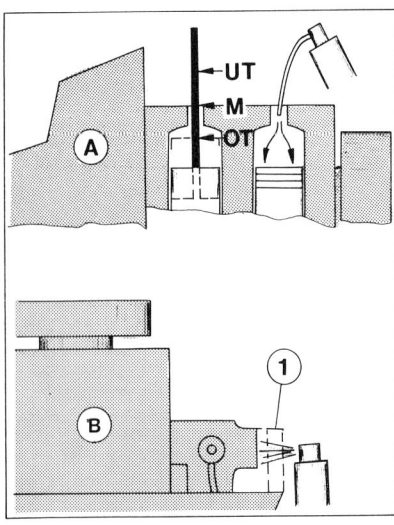

Reinigen und Konservieren.
Skizze A: Motor warm laufen lassen, hochkippen, Kolben auf Mittelstellung, so daß die Schlitze zu sind. Das prüft man, indem man einen Bleistift oder etwas ähnliches durch die Kerzenöffnung steckt und den Motor so weit dreht, bis die Kolben auf Mitte stehen.
Reiniger einfüllen und weichen lassen. Dann Motor umdrehen und Reiniger auslaufen lassen.
Skizze B: Kerzen einschrauben, Motor warm laufen lassen, dann durch Vergaser Reiniger einsprühen (1), bis Motor abstirbt.
Kerzen kontrollieren, warm laufen lassen. Danach die Benzinleitung abziehen und bei ³/₄ Gas so lange weitersprühen, bis der Motor steht.

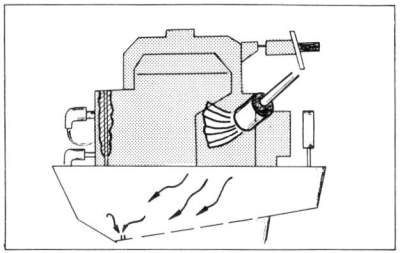

Motorblock säubern. Salzkristalle, Kesselstein, Oxydationsspuren und Öl sowie altes Fett mit Waschmittellauge und/oder Benzin abwaschen. Den Schmutz in der Motorwanne prüfen. Wenn Sie Späne finden, unbedingt die Ursache suchen. Leckagen beseitigen (neue Dichtungen).

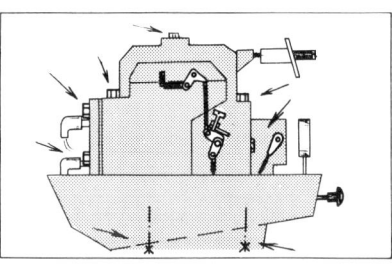

Alle Muttern und Schrauben kontrollieren. Hier braucht man keinen Drehmomentschlüssel. Es wird mit dem Ring- oder Steckschlüssel geprüft, ob die Schraube festsitzt. Besonders wichtig ist die Kontrolle der Kontermuttern an den Gestängeeinstellungen.

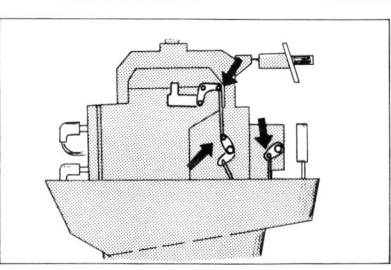

Alle bewegten Teile einfetten. Das sind vor allem die Steuergestänge. Öl zu verwenden, hat keinen Sinn. Wenn Sie durch Abwaschen auch das Fett in den Lagern ausgespült haben, müssen die Gestänge abgebaut und die Lager neu mit Fett aufgesetzt werden (ohne die Einstellschrauben zu öffnen).

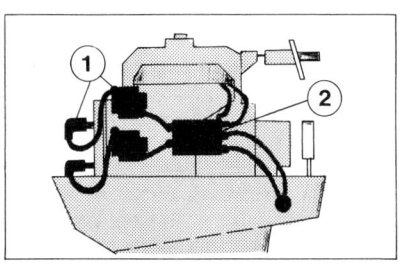

Stecker und Klemmen sowie die zugänglichen Kabel säubern. Dann alle Klemmen mit Polfett oder Vaseline einfetten (1) und mit Sprühöl (siehe dort) übersprayen.

Pflegemittel

Ähnlich wie auf dem Kosmetikmarkt ist auch das Angebot der Pflege-mittel für Motoren umfangreich und gewinnbringend.
Jeder Motorenhersteller hat seine speziellen, markeneigenen Fette, Öle und Pasten, die er entsprechend in der Betriebsanleitung als „aus-schließlich verwendbar" anpreist. Dazu kommen mit gleichen Eigen-schaften die Mittel der verschiedenen Ölfirmen.
Man kann jedoch, ohne ein Risiko einzugehen, die Fette, Öle usw. des einen auch für den Motor eines anderen Herstellers verwenden. Vor allem kann man sich auf ein Minimum beschränken.

Getriebeöl, nur das für Außenborder *vom Hersteller genannte Getriebe-*öl verwenden. Sein Vorteil liegt darin, daß es die Schmierfähigkeit nicht gleich verliert, wenn Wasser ins Getriebe kommt. Es bildet mit dem Wasser eine Emulsion, und der Schmierfilm bleibt auf Lagern und Zahn-rädern erhalten. Wasser im Getriebe tritt nicht nur durch schadhafte Dichtungen auf, es entsteht auch durch Kondensation. Deshalb ist der Getriebeölwechsel besonders im Herbst, vor dem Winterlager, notwen-dig. Bei dieser Gelegenheit lassen sich auch gleich Rückschlüsse auf den Zustand des Getriebes ziehen (s. rechts).

Korrosionsschutzfett sollten Sie sich im Salzwasserbetrieb auf jeden Fall leisten. Es ist zwar teuer, jedoch sehr beständig. Im Süßwasser-betrieb kann man getrost normales Mehrzweckfett nehmen, wie man es an jeder Tankstelle bekommt. Es wird von fast allen Service-Werkstät-ten verwendet, da billiger und ohne dem Zweck zu schaden. Mit 1 kg Fett kommt man mindestens zwei Jahre aus.

Sprühöl bekommen Sie ebenfalls an jeder Tankstelle. Wichtig ist, daß es Feuchtigkeit unterwandert. Es wird bei Autos zum Einsprühen brü-chig gewordener E-Kabel usw. verwendet. Einmal im Sommer und im Herbst sprüht man einen Hauch mit dem Spray über die Kabel und Klemmen. Das erhöht die Lebensdauer und Zündqualität und verhin-dert ein frühzeitiges Gammeln der Isolierung sowie der freiliegenden Klemmen (gehört an Bord).

Getriebeölwechsel. Gleichgültig wieviele Stunden Sie gefahren haben, vor dem Winterlager wird das Getriebeöl gewechselt. Dies ist eine sehr wichtige, jedoch sehr einfache Arbeit. Unter der Kavitationsplatte und unten am Sporn finden Sie je eine Schraube. Die obere ist die Überlauf- und Kontrollschraube (1), die untere dient zum Ablassen und Einfüllen des Öls (2).

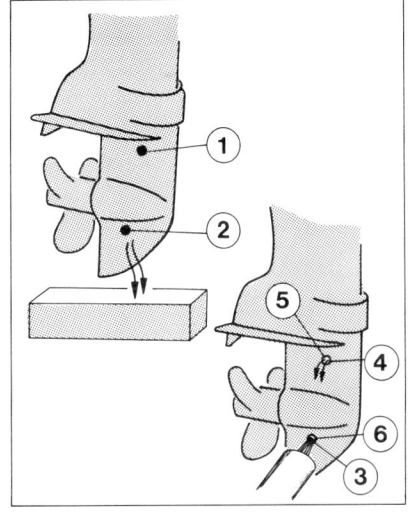

Stellen Sie ein Gefäß unter den senkrecht stehenden Schaft zum Auffangen des Öls. Dann wird erst die obere, danach die untere Schraube geöffnet. Lassen Sie das Gehäuse gut leerlaufen (auf keinen Fall mit Benzin oder anderen Flüssigkeiten reinigen).

Nehmen Sie das Gefäß, und prüfen Sie mit den Fingern, ob Sie irgendwo Späne finden. Aber nicht nur mit den Fingerspitzen eintauchen, sondern richtig zwischen den Fingern verreiben. Finden Sie Späne, sollten Sie den Motor mit den Spänen zur Werkstatt bringen. Es kommt allerdings vor, daß beim ersten Ölwechsel Alu-Späne zu finden sind (Reste von der Herstellung). Auf alle Fälle muß der Fachmann gefragt werden. Wenn es keine Alu-Späne sind, können Sie den Motor gleich mitnehmen.

Ebenfalls nicht zu umgehen ist der Weg zur Werkstatt, wenn Wasser im Getriebe ist. Je mehr Wasser, um so weißer wird das Öl. In der Werkstatt wird das Gehäuse mit allen Dichtungen geprüft und neue eingesetzt.

Besteht kein derartiger Verdacht, wird vor dem Auffüllen des neuen Öls noch kontrolliert, ob die Dichtungen der Verschlußschrauben in Ordnung sind. Es ist besser, man steckt die Dichtungen auf die Schraube, dann hat man mehr Gefühl beim Hineindrehen.

Bei fast allen Motoren wird das Getriebeöl durch die untere Öffnung (3) aufgefüllt.

Man kauft das Getriebeöl vorwiegend in Tuben. Sie passen genau in das Loch. Dann drückt man so lange, bis das Öl aus der oberen Öffnung herausläuft (4). Jetzt wird zuerst die obere Öffnung (5) verschraubt, die Tube herausgezogen und die untere Schraube eingesetzt (6) (siehe auch Propellerwechsel Seite 86).

73

Motorreiniger. Mit ihm beseitigt man im Zylinder, am Kolben und an den Kolbenringen die Verbrennungsrückstände, die sich im Laufe eines Sommers ablagern. Es handelt sich vorwiegend um Sprays, die in den betriebswarmen Motor gefüllt und/oder durch den Vergaser eingesprüht werden (Beschreibung auf der Dose genau beachten). Sollte die Beschreibung, was sehr häufig vorkommt, in Englisch sein, sollten Sie gleich beim Kauf (wenn nötig) um eine genaue Erklärung bitten. Viele Händler haben heute aber schon eine Übersetzung der Anleitung.
Die Reinigung erfolgt je nach Bedarf (z. B. Brückenbildung auf Zündkerze, s. Zündkerzengesicht Seite 62) und im Herbst vor dem Konservieren.

Achtung! Wird der Motor nach dem Reinigen nicht sofort (noch am gleichen Tag) in Betrieb genommen, muß er konserviert werden. Durch den Reiniger ist der sonst vom Öl vorhandene Schmierfilm beseitigt, die Oberflächen würden sofort rosten.
Wenn Sie den Motor wieder starten, müssen die Kerzen gründlich gereinigt und der Elektrodenabstand geprüft werden, da der Motor sonst sehr schwer oder gar nicht anspringt.

Korrosionsschutzöl, auch als Konservierungsöl bezeichnet, darf mit diesem Namen nicht einfach an einer Tankstelle gekauft werden. Es muß speziell für die Konservierung von Triebwerken geeignet sein (dünnflüssig und rückstandsfrei). Sie bekommen es bei Ihrem Motorenhändler in Spray- oder Flaschenform. Es wird bei relativ hoher Drehzahl in den Motor gesprüht und hat die Aufgabe, alle Oberflächen im Triebwerk zu benetzen, Feuchtigkeit zu unterwandern und somit nachhaltig vor „Rost" zu schützen. In langen Betriebspausen bilden sich durch Kondensation von Wasser aus der Luftfeuchtigkeit und Kohle- und Schwefelrückständen gefährlich ätzende Säuren, die ohne Konservierung zu schweren Schäden der Lager- und Zylinderflächen führen.

Außenpflege. Der Außenhaut des Motors tut es gut, wenn sie im Herbst und einmal während des Sommers mit Autowachs eingerieben wird. Vorher sind Schmutz, Staub und Öl zu entfernen. Bei dieser Gelegenheit können auch gleich Lackschäden vor dem Einwachsen beseitigt werden.

Farbe für die Außenhaut. Um Lackschäden am Schaft und dem Motorgehäuse zu beseitigen, ist die Originalfarbe zu empfehlen. Schadhafte Stellen vorher mit Drahtbürste, Nitroverdünnung oder Tetra reinigen. Man kann zwar auch andere Farben nehmen, doch hat man dann in kurzer Zeit einen fleckigen und scheckigen Motor. Man kann natürlich immer ganze Abschnitte des Motors überpinseln, z. B. den Schaft bis zur Kavitationsplatte oder bis zum Flansch der Schaftverlängerung usw. – immer bis dorthin, wo eine Kante die Fläche optisch unterbricht. Wichtig ist auf jeden Fall, daß man den richtigen Primer als Haftgrund verwendet.

Reinigung und Malen der Außenhaut. Haube aufsetzen und Motor außen abwaschen. Dann werden alle abgestoßenen oder angegammelten Stellen mit Nitroverdünnung gereinigt, mit Schleifpapier etwas angerauht, mit Primer überpinselt und schließlich mit Farbe eingesprüht.
Achtung! Die Farbe hält sich nicht lange, wenn Sie keinen Alu-Primer verwenden.
Besonders anfällige Stellen: Sporn und Getriebegehäuse (1); Kühlwassereingang und Auspuff (2); Kühlwasseraustritt (3); abgegriffene oder zerkratzte Stellen.
Wenn Sie den Motor abdecken, dürfen Sie auf keinen Fall eine geschlossene Haube aus Folie darüberziehen (zu starke Kondensation).

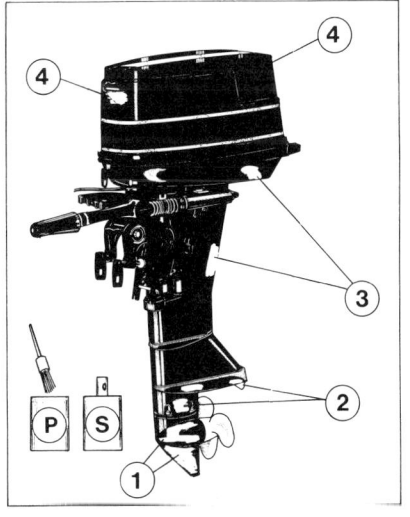

Reparatur und Instandhaltung

Um dieses Kapitel ins richtige Licht zu rücken, muß gesagt werden: Defekte treten bei richtiger Bedienung, vernünftiger Fahrweise und regelmäßiger Pflege erst nach einigen Jahren durch Verschleiß auf.
Viele der hier beschriebenen Arbeiten werden Sie nur im Rahmen der Winterüberholung durchführen müssen. Es hängt weitgehend von der Konstruktion ab, wie leicht man an die verschiedenen Teile herankommt und ab wann Sonderwerkzeuge benötigt werden. Das Angebot der Motoren reicht von sehr reparaturfreundlich bis ganz reparaturunfreundlich.

Folgendes sollten Sie unterlassen:

● Schwungscheibe abnehmen, um an die Elektrik heranzukommen
● An den elektronischen Bestandteilen kontaktloser Zündanlagen herumspielen
● Den Motorblock aufmachen, um ans Triebwerk zu gelangen
● Das Unterwasserteil abnehmen, um etwa die Kühlwasserpumpe zu reparieren

Die meisten Außenborder sind so konstruiert, daß man für die oben genannten Arbeiten nicht nur Sonderwerkzeuge und teure Meßinstrumente braucht, es ist auch ein spezielles Fachwissen nötig, das sich von Marke zu Marke durch viele Tricks unterscheidet. Das zeigt sich in der Tatsache, daß die Service-Werkstätten nur ungern markenfremde Motoren reparieren und zwar aus mangelnder Routine, weil die Handgriffe nicht sitzen, die Reparatur sehr viel länger dauert und entsprechend teuer würde.

Zehn Gebote für vernünftige Reparaturen

1. Lassen Sie die Finger von den Einstellschrauben der Steuergestänge, wenn Sie nicht genauestens Bescheid wissen.
2. Verwenden Sie keine metrischen Schlüssel für angloamerikanische Muttern und Schrauben.
3. Und umgekehrt, keine angloamerikanischen Schlüssel für metrische Muttern und Schrauben nehmen.
4. Ein Ring- oder Steckschlüssel ist dem Maulschlüssel immer vorzuziehen.
5. Setzen Sie Schraubenzieher richtig gerade und auf Mitte des Schraubenschlitzes an.
6. Wenn Sie irgend etwas zerlegen, Teile in Benzin waschen, auf ein sauberes Tuch legen und trocknen lassen.
7. Dichtungen erneuern und trocken oder mit etwas Fett aufsetzen, ausgenommen am Motorblock (ohne Fett).
8. Wenn sich Unregelmäßigkeiten im Motorlauf einstellen, muß die Ursache ergründet und behoben werden.
9. Verlorene Schrauben durch Originalteile und nicht durch Schrauben vom Eisenwarenhändler ersetzen.
10. Gründliche Wartung und Pflege verschiebt den Zeitpunkt der Reparatur.

Sicherheitsreparaturen

Jeder Eigner muß im Sinne guter Seemannschaft ein gewisses Verständnis für seinen Motor aufbringen und in der Lage sein, die notdürftigsten Reparaturen durchzuführen, um nicht Boot und Besatzung unnötig in Gefahr zu bringen.

Die Wahrscheinlichkeit einer Reparatur wird weitgehend von dem Maß guter Pflege und Wartung bestimmt. Grundsätzlich ist der Zweitakter ein Motor, der bei richtigem Gemisch, intakter Zündung und unbeschädigtem Triebwerk gar nicht anders kann als laufen.

Was schließlich reparaturanfällig ist, sind die Dinge, die den eigentlichen Motor zu einem Bootsantrieb machen, und auch nur dann, wenn sie vernachlässigt wurden, nicht richtig gepflegt und gewartet sind oder durch unsachgemäße Bedienung und unzureichende Aufmerksamkeit buchstäblich in den Defekt gezwungen werden. Das sind: Propeller, Kühlwasser, Seilstarter, Steuerorgane, Elektrik, Getriebe.

Als Richtlinie sollten Sie beherzigen: Wird irgendwo Verschleiß oder mangelnde Funktionstüchtigkeit sichtbar oder spürbar, müssen die Teile erneuert werden. Auf längere Sicht gesehen, ist dies der wirtschaftlichste Weg. Seemannschaft mit Gummistropp und Bindedraht sind an einem Motor ein Unding, sofern es sich nicht nur um einen Notfall von begrenzter Zeit handelt.

Wenn Sie echten Verdacht auf eine Störung haben, die Ursache aber nicht finden, rufen Sie den Fachmann an. In vielen Fällen läßt sich telefonisch klären, ob es ein ernsthafter Defekt oder nur mangelnder Einblick in das Geschehen unter der Haube ist. Die Skizzen dieses Kapitels zeigen den Umfang der möglicherweise notwendigen Reparaturen, die mit Bordmitteln durchführbar sein sollten.

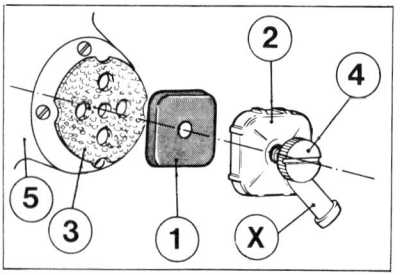

Filterkontrolle und Reinigung. Am Filter beginnt man mit der Fehlersuche im Brennstoffsystem. Wird der Deckel geöffnet und der Ball gedrückt, muß am Eingang (X) Benzin kommen, sonst ist der Fehler in Richtung Tank zu suchen.

Um das Filtersieb (1) zu reinigen, muß der Deckel (2) vom Pumpengehäuse (5) geschraubt werden. Der Deckel ist meist mit einer Schraube (4) zu lösen. Die Dichtung (3) darf nicht verdreht werden, sonst verschließen Sie den Eingang zur Pumpe. Die Dichtung darf weder hart noch beschädigt sein. Sie ist sonst unbedingt zu erneuern, da die Gefahr besteht, daß falsche Luft in das auf Unterdruck arbeitende Brennstoffsystem gelangt. Lecken kann der Filter nur im Stillstand, wenn der Ball auf Druck gehalten wird. Das Filtersieb muß sauber sein.

Schmutz wird mit Benzin ausgewaschen und die Teile trocken wieder zusammengesetzt (ausblasen mit Luft).

Benzinpumpe. Außenborder haben eine mit Unterdruck gesteuerte Benzinpumpe. Sie sitzt am Vergaser oder in dessen Nähe. (1—4) sind Teile des Filters.

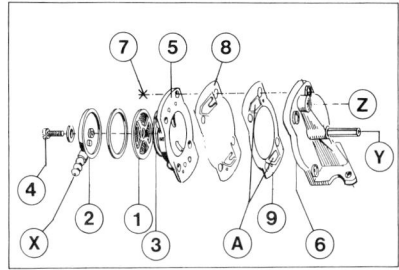

(5) und (6) bilden das Pumpengehäuse. Zum Öffnen werden wie hier vier Deckelschrauben (7) gelöst. Je nach Art der Pumpe folgen die Membran (8), die Dichtung (9) und/oder weitere Gehäuseteile und Dichtungen. (A) sind die Aussparungen für Druck- und Saugventil; (X) = Kraftstoff-Eingang vom Tank; (Y) = Unterdruckleitung; (Z) = Benzinausgang zu Schwimmerkammer.

Hier ist zu prüfen: 1. Ist Schmutz oder Wasser in den Ventilen — mit Fahrradpumpe durchblasen; 2. Sind die Kanäle verstopft — ebenfalls ausblasen; 3. Funktioniert die Unterdruckleitung? Choke ziehen, Gas auf Leerlauf, Kerzen heraus, mit Handstarter Motor durchdrehen und an der Bohrung oder am Schlauch horchen oder fühlen. Ist kein Sauggeräusch oder eine Luftströmung zu spüren, muß die Unterdruckleitung, die zum Kurbelgehäuse geht, gereinigt werden; 4. Ist die Membran hart oder porös (durch feine Risse undicht) — erneuern. Die Membran läßt sich auch kontrollieren, ohne die Pumpe aufmachen zu müssen. Sie pumpen Benzin vor — bleibt der Ball unter Druck einige Zeit stramm, ist die Membran dicht. Läßt der Druck im Ball nach, ist die Membran undicht, es sei denn, das Schwimmerventil ist defekt, dann kommt allerdings Benzin aus dem Vergaser.
Alle Teile in Benzin waschen. Aufpassen mit den Ventilen. In umgekehrter Reihenfolge trocken zusammenbauen.

Achtung! Der schlimmste Fehler: Den Motor im Herbst in die Ecke zu stellen und im Frühjahr in die Werkstatt zu bringen. Auf diese Weise kann er bereits nach einem Winter ein Schrotthaufen sein = sehr hohe Reparaturkosten.

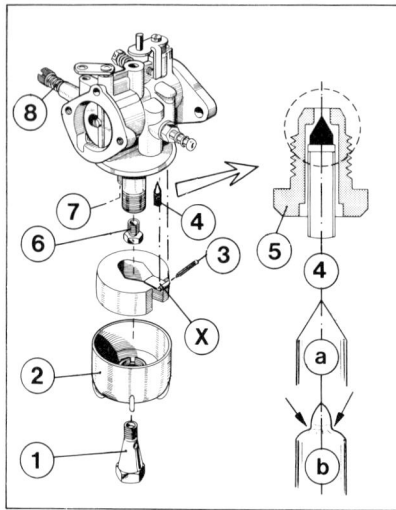

Schwimmerkammer und Reinigung des Vergasers. Die Einzelteile der Schwimmerkammer werden nach Reihenfolge der Ziffern ausgebaut. (1) Gehäuseschraube(n) lösen. Je nach Bauart das Gehäuse (2) oder den Deckel abnehmen. Wenn der Stift (3) herausgezogen wird, muß man vorsichtig sein, damit das Blechplättchen (X), das den Schwimmerstand bestimmt, nicht verbogen wird. Die Schwimmernadel (4) läuft in der Buchse (5). Die Buchse (5) bleibt fest. Am Sitz wird kaum etwas sein, da der Kegel der Nadel (Schwimmerkammerventil) das eigentliche Verschleißteil wäre. Der Kegel der Nadel (a) muß ganz glatt sein. Zeigen sich hier irgendwelche Einkerbungen (b), ist die Nadel zu erneuern, da sie nicht mehr dicht sein kann. Dies prüft man wie die defekte Membran (siehe Benzinpumpe). Die Teile werden in einem Benzinbad gereinigt. Danach auf einen sauberen Putzlappen gelegt und getrocknet. Achten Sie darauf, daß keine Fussel vom Lappen auf den Teilen bleiben. Wenn der Vergaser ohnehin abgebaut ist, können Sie ihn gleich im Benzinbad säubern und alle Kanäle mit Preßluft (Fahrradpumpe oder Blasebalg) ausblasen. Mit dem Mund zu blasen ist gefährlich, da zu viel Feuchtigkeit mitkommt.

Der Zusammenbau erfolgt in umgekehrter Reihenfolge.

Dichtungsflächen säubern, Reste von der Packung aufweichen und abschaben. Dann noch mit Benzin oder Spiritus abreiben. Neue Dichtung trocken aufsetzen und die Muttern oder Schrauben festziehen, aber nicht annallen.

Drossel- und Choke-Klappen brauchen nicht ausgebaut zu werden. Es sei denn, daß sie sich schwer bewegen lassen.

Schwarze (Ölschmutz) und weiße (Oxydationsrückstand) Verunreinigungen gut auswaschen. Sie können die Düsen sonst verlegen.

Wenn Sie gleich Haupt- (6) und Leerlaufdüse (7) sowie die Gemischschraube (8) herausdrehen, können Sie alle Kanäle ausspülen. Der Kegel der Gemischschraube (8) ist wie die Nadel des Schwimmers zu behandeln (a) und (b).

Achtung! Düsen und Kanäle im Vergaser nicht mit Draht reinigen. Ist eine Bohrung verstopft, nimmt man eine Borste aus einem Pinsel.

Achtung! Pflege + Wartung verlängern das Leben Ihres Motors.

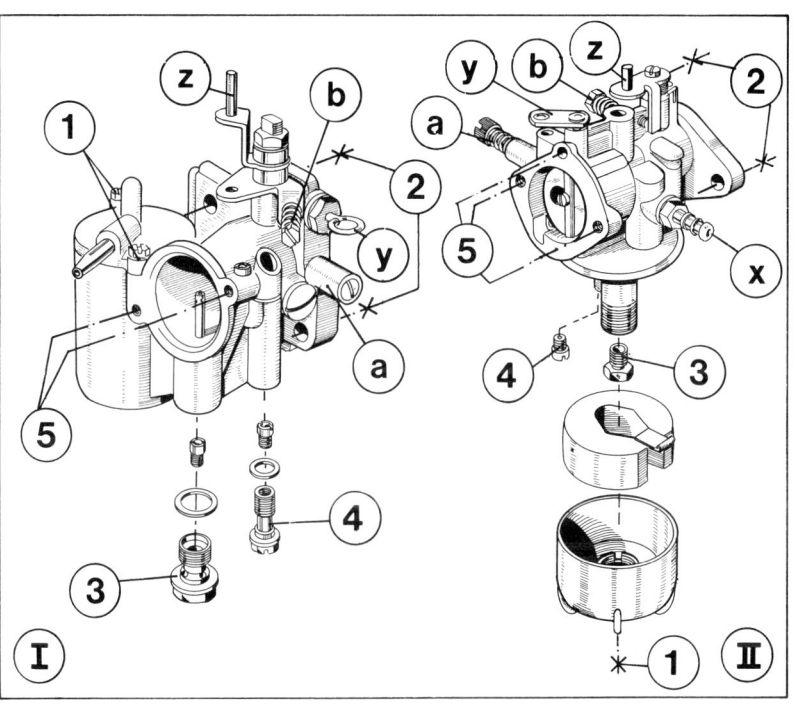

Zwei verschiedene Vergaser zeigen stellvertretend das Wesentliche.
(I) Vergaser mit seitlicher Schwimmerkammer; (II) Vergaser mit Schwimmerkammer unten. Bezeichnungen gelten für beide Abbildungen:
(1) = Deckelschrauben für Schwimmerkammer; (2) = Flanschschrauben, Vergaser/Kurbelgehäuse; (3) = Hauptdüse; (4) = Leerlaufdüse.
Die Vergasereinstellung (Leerlaufgemisch) erfolgt über die Gemischschraube (a), mit der man fettes oder mageres Gemisch einstellt. Die Leerlaufdrehzahl wird mit der Verstellschraube (b) durch Veränderung der Drosselklappenstellung reguliert. Wird der Vergaser abgebaut, müssen erst die Teile am Vergasereingang (5) entfernt werden. Das sind je nach Konstruktion Ansauggeräuschdämpfer, Funkenschutzgitter usw. Dann werden die Benzinzuleitung (X), Chokesteuerung (Y) und Drosselgestänge (Z) ausgehängt. Es ist im allgemeinen nicht notwendig, irgend etwas an der Einstellung der Gestänge (Y) + (Z) zu ändern.
Klebender Vergaserflansch wird mit leichten Hammerstiel-Schlägen abgeklopft.

Benzinanzeiger in tragbaren Tanks.
Hauptteile: (1) = Tankverschraubung
mit Überwurfmutter oder Flansch
(gestrichelt); (2) = Schauglas; (3)
= Anzeigesegment; (4) = Drehach-
se; (5) = Schwimmerstange; (6) =
Schwimmer.
Bei vielen Tanks muß man auch den
Schwimmer mit ausbauen, wenn man
den Saugkorb der Kraftstoffleitung
reinigen will. Es kommt vor, daß die
Schwimmerstange (5) so weit ver-
bogen ist, daß sie klemmt oder ganz
falsch anzeigt (geradebiegen). Auch
der Korkschwimmer muß nach eini-
gen Jahren ausgetauscht werden.
Immer neue Dichtungen verwenden.

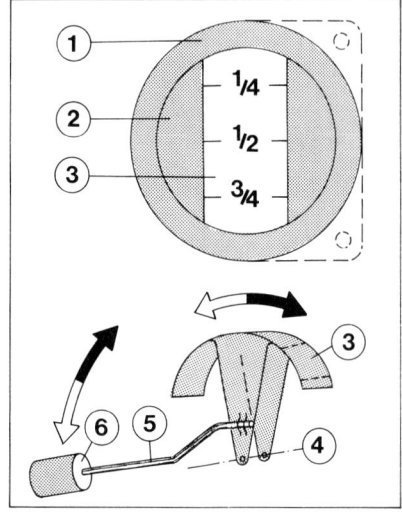

Kraftstoffsystem von Motor bis Tank. Es besteht aus folgenden Gruppen: (A)
Kupplung am Motor; (B) Pumpball mit Saug- und Druckventil; (C) Tankkupplung
und Saugleitung mit Saugkorb; (D) Entlüftungsschraube im Tankdeckel bzw. bei
einigen Fabrikaten an der Tankkupplung (funktionsgleich).
Die Funktionsprüfung erfolgt dadurch, daß man mit einem Stück Holz (Streich-
holz) die Kugel des Ventils an der motorseitigen Kupplung eindrückt und mit
dem Ball Benzin durchpumpt (bei geöffneter Belüftungsschraube). Läuft Benzin,
ist vom Tank bis zum Motor nichts verstopft oder defekt. Läuft kein Kraftstoff,
muß man nach den hier aufgeführten Ziffern mit der Fehlersuche beginnen.
(1) Es kommt selten vor, daß die Belüftung verstopft ist. Doch bevor man an-
fängt, den Ball auszubauen, ist eine Prüfung ratsam. Der Tankdeckel wird ab-
genommen und mit der Pumpe bei eingedrücktem Motorkupplungs-Ventil Ben-
zin durchgepumpt. Kommt nichts, wird der Schlauch am Ball abgenommen (2).
Das Ventil bleibt im Ball. Kommt jetzt beim Pumpen Benzin, liegt die Verstop-
fung in der Motorschlauchkupplung (3).
Kommt beim Pumpen kein Benzin, werden (4) und (5) geprüft. Schließlich müßte
das Saugrohr (6) ausgebaut und der Saugkorb (7) gesäubert werden.
Die Schlauchkupplung (3) wird von einer Feder belasteten Kugel gesperrt. Es
gibt Kupplungen, die man nur schwer auseinandernehmen kann. Es genügt
dann, die Kugel reinzudrücken und die Kupplung durchzublasen (ohne Spucke,
besser mit der Pumpe). Die Ventile am Ball sind einfache Kegel mit Gleitfüh-

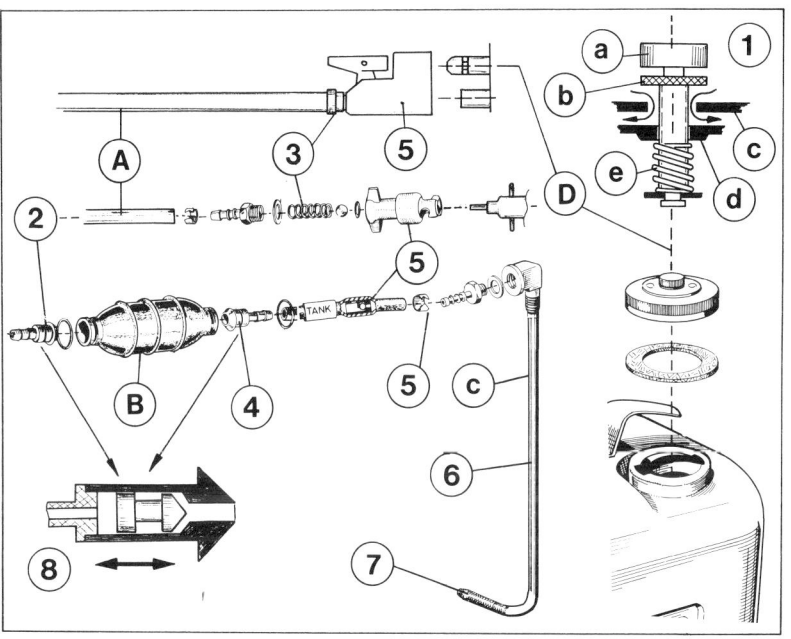

rung, die in einem Gehäuse durch Druck öffnen oder schließen. Auch hier gibt es verschiedene Versionen, die man mehr oder weniger leicht öffnen kann. Wenn der Verdacht besteht, daß die Schellen nicht wieder richtig schließen, wird mit einer Schlauchschelle repariert, bis sie durch Originale ausgetauscht werden.

Achtung! Wenn Sie zum Ausblasen den Balg Ihres Schlauchbootes verwenden, ist größte Vorsicht am Platz. Es könnten Sandkörner drin sein.

Funktion der Entlüftungsschraube (1). Die Schraube (a) verschließt mit der Dichtung (b) im geschlossenen Zustand den Luftzutritt und verhindert gleichzeitig das Auslaufen von Benzin. Entsteht Überdruck, so wird die Schraube gegen Federdruck (e) hochgehoben, und das Gas entweicht.
Beim Fahren wird Kraftstoff verbraucht, es entsteht bei geschlossener Schraube so viel Unterdruck, daß der Motor abstirbt, deshalb muß die Schraube geöffnet sein. Die Luft tritt durch einen Spalt oder ein Loch im Deckel (c) + (d) ein.
Winterlager: Der Tank wird mit dem letzten Liter Benzin gut geschüttelt, ausgekippt und bleibt leer und mit geöffnetem Deckel stehen. Tank außen malen!

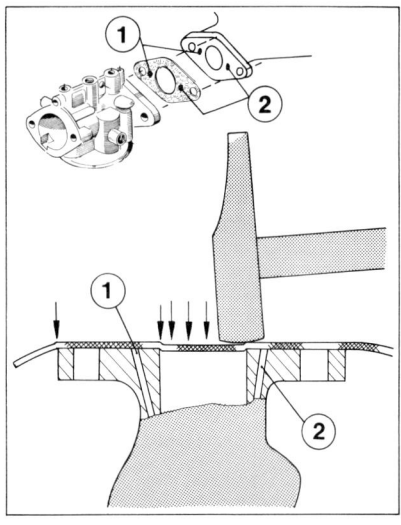

Alle Service-Werkstätten sind übereinstimmend der Ansicht, daß man jede Packung (Dichtung) nur einmal verwenden soll und sie durch ein neues Original ersetzt.

Das hat seinen guten Grund. Man sollte sich dieser Auffassung auch anschließen. Es kann jedoch, z. B. im Urlaub, der Fall sein, daß die Benzinpumpe oder der Vergaser öfter abgeschraubt werden müssen. Die mitgenommene Packung (s. Reserveteile) ist verbraucht oder nicht mehr verwendbar. Dann kann man sich die Dichtung auch selbst anfertigen. In jeder Autowerkstatt bekommt man Packungsmaterial. Es wird auf den Flansch gelegt, die Umrisse mit leichten Hammerschlägen durchgeklopft und ausgeschnitten. Sehr wichtig ist es, darauf zu achten, daß man nicht irgendwelche Kanäle verschließt, indem man das eine oder andere Loch vergißt. In unserem Beispiel wäre das: (1) Unterdruckleitung für Benzinpumpe; (2) Rückleitung des Dränagesystems. Für den Notfall kann man auch für kurze Zeit aus Zeichenkarton oder dickerem Papier eine Packung anfertigen. Sie muß aber mit Fett aufgesetzt werden.

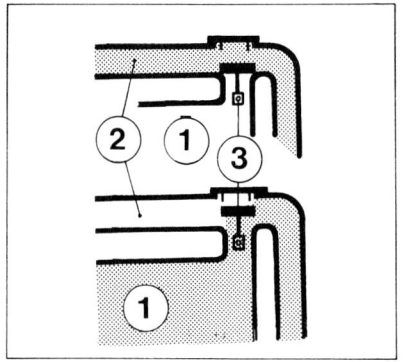

Der Thermostat regelt je nach Motortemperatur den Kühlwasserfluß zum Kühlwassermantel (warmer Motor) oder durch den Bypaß (kalter Motor). Tritt ein Defekt am Thermostaten ein, wenn er geschlossen ist, läuft der Motor heiß. In diesem Fall behilft man sich (nur für die Heimfahrt), in dem man den Thermostaten mit dem Schraubenzieher aus seinem Sitz zieht und entfernt. Dadurch wird Kühlwasser auch in den Mantel gepumpt. (1) = Kühlwassermantel, (2) = Bypaß, (3) = Thermostat. Nicht mit Vollgas fahren!

Achtung! Gangschaltung auf Neutral! Wenn der Motor warm ist, besteht die Gefahr, daß er sofort anspringt, wenn Sie am Propeller drehen. Dann sind die Finger ab. Zum Lösen der Propellermutter nehmen Sie ein Stück Holz, das in Ihre Werkzeugkiste gehört, und klemmen es zwischen Propeller und Kavitationsplatte. Je nach Art des Motors: Zündung abschalten, Sicherheitszündschalter abziehen oder die Kerzenstecker herunternehmen.

Propellerschäden und -Reparatur.
Skizze A: Kleine Einkerbungen und Unebenheiten kann man mit einer Feile glätten, nur muß man bestrebt sein, nicht nur an einem Flügel abzufeilen (Unwucht).
Zeigen sich am Flügelansatz Anfressungen (Pfeil), hat Ihr Propeller Kavitation (Dampfblasenbildung). Sie kann von zu hoher Drehzahl oder falsch konstruiertem Bootsboden stammen (Fachmann fragen).
Skizze B: Stark verbogene oder abgebrochene Flügel lassen sich ebenfalls reparieren, allerdings nur von einer Spezialwerkstatt (mit Reservepropeller weiterfahren).
Skizze C: Optisch sehr schwer erkennbar sind Propellerschäden, bei denen ein oder mehrere Flügel nur leicht verbogen sind. So ein Schaden

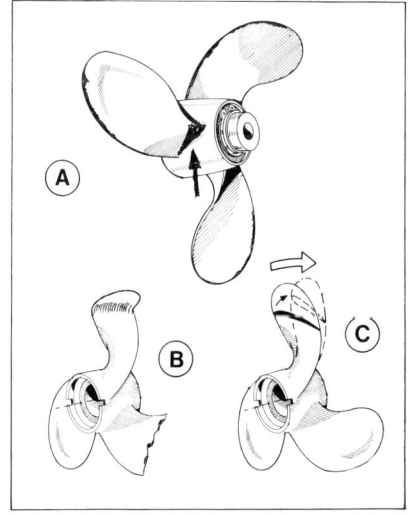

macht sich durch unruhigen Lauf und Geschwindigkeitsabfall bemerkbar (Werkstatt).
Achtung! Nach jedem starken Schlag auf das Unterwasserteil besonderes Augenmerk auf Getriebeöl, unruhigen Lauf des Motors und Leckage am Wellenausgang richten. (Nicht mit Öl aus dem Auspuff verwechseln.)

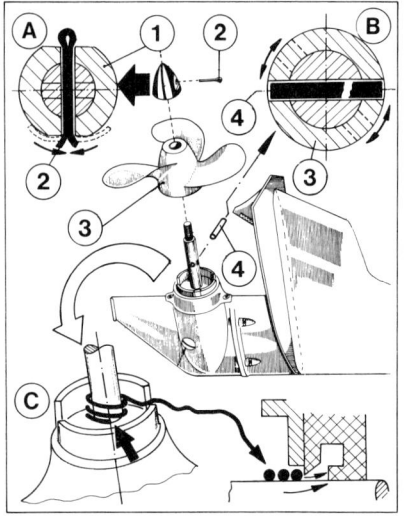

Scherstift- und Propeller-Wechsel. Der Scherstift (2) ist die Bruchsicherung, die verhindern soll, daß der Propeller und das Getriebe beschädigt werden (Er verliert allerdings an Bedeutung, da die Propeller zunehmend mit Stoßdämpfer und einem Antriebsstift, stärker als Scherstift, ausgestattet werden, der nicht bricht). Bricht der Scherstift, geht der Motor auf höhere Drehzahl, das Boot verliert Fahrt.

Mit einer Zange werden die Splintenden (2) zusammengebogen und der Splint entfernt. Dann wird die Propellermutter (1) abgeschraubt und der Propeller (3) heruntergenommen. Bevor Sie den Scherstift (4) erneuern, gleich altes Fett abwischen, Welle und Propellernabe einfetten sowie den Scherstift dick mit Fett einsetzen. Das verhindert nicht nur ein Gammeln, er bleibt auch gut im Loch kleben und fällt nicht ins Wasser. Dann wird der Propeller wieder aufgesetzt, etwas gedreht, bis er mit der Nut am Scherstift einrastet. Die Mutter wieder aufschrauben (von Hand), bis sie gut sitzt. Wenn Sie das Splintloch suchen, darf die Mutter nicht weiter angeknallt werden. Drehen Sie die Mutter zum nächsten Loch zurück.

Skizze A: Verwenden Sie nur die Splinte vom Hersteller. Sie haben die richtige Länge. Splintenden mit dem Schraubenzieher nur so weit aufbiegen, daß der Splint nicht herausfallen kann. Alte Splinte austauschen.

Skizze B: Es kommt vor, daß der Scherstift bricht, sich aber so verklemmt, daß er erst bei einer bestimmten Belastung den Propeller nicht mehr mitnimmt. Dann heult der Motor ohne Schlag auf den Propeller plötzlich höher, und die Fahrt geht aus dem Boot. Wenn Sie Scherstifte kaufen, achten Sie darauf, daß Sie die richtigen bekommen. Wenn der Scherstift schon nach schnellem Gasgeben abbricht und dies beim nächsten wieder passiert, hat Ihnen der Händler die Scherstifte eines anderen Fabrikats gegeben.

Skizze C: Das schlimmste sind Angelleinen im Propeller. Sie wickeln sich zwischen Nabe und Schaft, wandern in die Getriebedichtung und würgen u. U. sogar den Motor ab. Wenn eine Angelschnur im Propeller ist, müssen Sie ihn vorsorglich abnehmen. Unter der Nabe kann jede Menge aufgewickelt sein. Ist sie bereits in das Getriebe gewandert, vorsichtig herausziehen. Ölkontrolle!

Propeller mit Rutschkupplung. Die Rutschkupplung hat den gleichen Zweck wie der Scherstift mit dem Vorteil, daß man nicht bei jeder Kollision des Unterwasserteils mit Treibgut den Propeller abnehmen muß. Die Rutschkupplung besteht aus einer Art Gummibremse, die bei zu großer Belastung durchrutscht und somit Propeller und Getriebe schützt. Ähnliche Vorteile haben auch die mit Stoßdämpfer ausgestatteten Propeller, auf die die Kraft durch einen Antriebsstift übertragen wird (bricht nicht wie der Scherstift).

Der Propellerwechsel ist einfach. Durch Lösen der Mutter (1) und Abnehmen der Scheibe (2) kann der Propeller von der Keilwelle (3) abgezogen werden. Es gibt zwei verschiedene Arten von Propellermuttern. Die

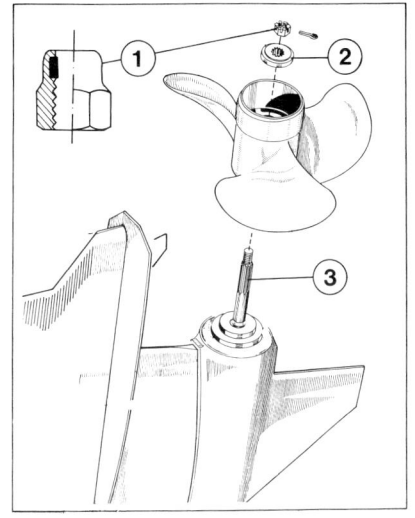

Kronenmutter, die mit einem Splint gesichert wird und die links oben herausgezogene selbstsichernde Mutter. Erstere hat den Nachteil, daß man mit dem Splint arbeiten muß; sie hat allerdings den Vorteil, daß sie immer verwendbar bleibt. Die selbstsichernde Mutter hat den Vorteil, daß sie keinen Splint braucht, da der Bremsring (schwarz) ein Verlieren oder Lösen verhindert. Ihr Nachteil: Sie ist nach drei- bis viermaligem Gebrauch zu erneuern (Ring hält nicht mehr).

Bei dem Propeller mit Rutschkupplung meint man, daß man ihn nie abnehmen muß. Wer das glaubt, wird ihn eines Tages nie mehr abbekommen (festgegammelt). Er muß im Seewasserbetrieb mindestens einmal pro Sommer und einmal im Herbst runter und die Propeller-Welle gründlich eingefettet werden. Altes Fett wird abgewaschen und erneuert. Welle und Nabe sowie den Wellenausgang gründlich kontrollieren. Siehe auch Propeller mit Scherstift. Irgendwann haucht auch die Rutschkupplung ihr Leben aus, dann fährt das Boot (obwohl der Motor läuft) gar nicht mehr, oder die Kupplung fängt bei einer bestimmten Belastung an durchzudrehen. Im gleichen Augenblick erhöht der Motor seine Drehzahl, und das Boot verliert an Fahrt. Der Reservepropeller muß aufgesetzt werden.

Prüfen der Rutschkupplung: Markieren Sie den Kern (Keilwellenbuchse) der Rutschkupplung und den Propeller (Nabe) in gleicher Höhe. Nach einer kurzen Probefahrt können Sie feststellen, ob die Markierungspunkte verrutscht sind.

Handstarter-Defekte sind vorwiegend auf falsche Bedienung zurückzuführen, Drei-Stufen-Start siehe Seite 36.

Skizze A:

● *Seil blockiert: Gangschaltung nicht auf ,,NEUTRAL'' oder Sperre (a) durch falsche Einstellung verklemmt.*

● *Seil kommt — Motor dreht nicht mit: (a) abgenutzt, verklemmt; (a, b, c) mit zu viel und altem Fett verklebt; (b, c) gebrochen, verbogen.*

● *Seil geht nicht zurück: Rückspulfeder (d) gebrochen, ausgehakt, verknickt; Startergehäuse (1) lose, verbogen, Seil von Scheibe gerutscht; kein Fett an der Reibscheibe (f). Man muß hier, wenn man das Startergehäuse überhaupt aufmacht, etwas mit Gefühl arbeiten. Bei der Vielzahl der verschiedenen Konstruktionen ist nur eine prinzipielle Darstellung möglich. Der wesentliche Unterschied ist in der Steuerung der Sperrklinken (a, b, c) zu finden. Neben den hier gezeigten beiden Versionen (links und rechts der Mittellinie), gibt es noch federgesteuerte Klinken.*

Demontage: Das Startergehäuse (1) wird durch Entfernen der Schrauben (X) und der Einstellmutter (Y) gelöst. Durch Abheben des Gehäuses kommt man an die Feder (d), die Seilscheibe (2) und den Steuer- bzw. Mitnehmermechanismus. Der Startergriff braucht normalerweise nicht abgenommen zu werden. Wenn Sie trotzdem dazu gezwungen sind, weil das Seil verdreht, verklemmt oder durchgescheuert ist, muß das Seil gleich durch einen Knoten (Skizze B) mit durchgestecktem Holz oder Schlüssel gesichert werden, da die Feder so viel Vorspannung hat, daß sie das Seil sofort in das Gehäuse ziehen würde.

Notstart: Fast alle Motoren haben auf der Schwungscheibe (3) Einschnitte für den Notstart. Bei aufgesetztem Handstarter, wie hier beschrieben, muß das Gehäuse mit allen Starterteilen abgebaut werden. Dann wird in die Einkerbung eine Schnur mit einem Knoten (Skizze C) eingehängt, einmal um das Schwungrad gelegt und der Motor gestartet. Das muß so geschehen, daß die Schnur nach Abrollen sofort herunterfällt. Niemals zum Ziehen das Seil um die Hand wickeln (Knebel anbauen). Ein Notstartseil gehört zum Werkzeug.

Hat der Motor einen angebauten Trommelstarter, der nach Art des E-Starters ein Ritzel in den Zahnkranz des Schwungrades schiebt (Skizze D), braucht bei einem Notstart der ganze Mechanismus nicht abgebaut zu werden, es sei denn, die Schwungscheibe hat eine Schutzkappe. Diese Art des Handstarters wird immer häufiger, da sie unkomplizierter ist. Auch hier ist ein Drei-Stufen-Start zu empfehlen. Die Hauptteile: (1) = Schwungscheibe; (2) = Starterritzel; (3) = Anschlagplatte für Mitnehmersperre; (4) = Gehäusedeckel; (5) = Rückspulfeder; (6) = Gehäuse; (7) = Starterwelle; (8) = Seiltrommel.

Achtung! Wenn die Motorhaube abgenommen wird, und der Motor läuft, aufpassen! Kann zu schweren Verletzungen führen, wenn Haare oder Kleidung in laufende Teile geraten!

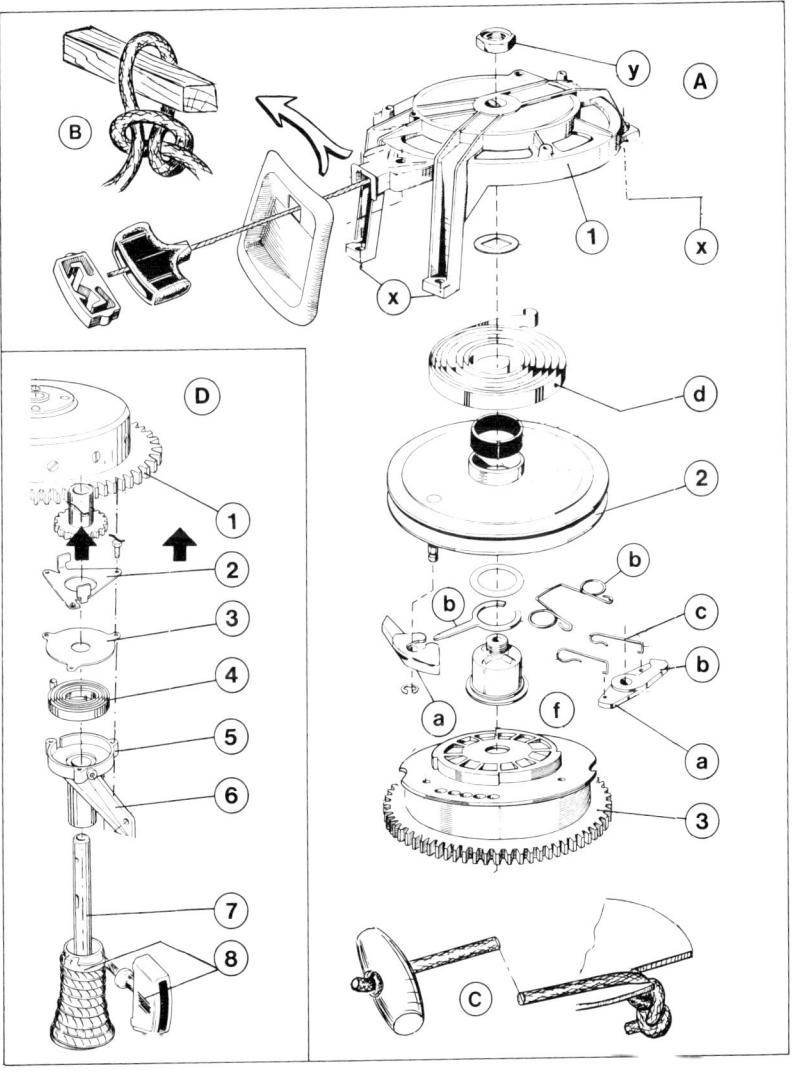

Ausgerissene Gewinde

Man meint es oft gut, zu gut mit dem Festziehen von Muttern, was besonders bei Bolzen in den Alublocks der Außenborder sehr leicht zum Ausreißen der Gewinde führen kann. Eine Fachwerkstatt ist in der Lage, den Schaden zu reparieren (Einziehen von Stahlspiralen), Aufbohren und Einsetzen von größeren Bolzen usw. ist nicht mehr üblich.

Sicherung von Schrauben und Muttern

„Warme" Schrauben: Das sind alle jene Schrauben und Muttern, die im Bereich des Kühlwassermantels und der Brennkammer liegen (Zylinderkopf, Auspuffsammler, Überströmkanal usw.). Es handelt sich vorwiegend um Dehnschrauben, die nicht zusätzlich gesichert werden müssen. Sie werden grundsätzlich ohne Fett, sondern mit Graphit eingesetzt (im Notfall reicht Bleistiftmine).

„Kalte" Schrauben, das sind alle Schrauben, die im Betrieb nicht warm werden. Für sie gibt es verschiedene Möglichkeiten:

- Sicherung mit Feder- oder Sprengring (auf Alugehäuse schwierig)
- Kronenmutter mit Splint
- selbsthemmende Muttern, sie sind nach 4- bis 5maligem Lösen nicht mehr brauchbar
- gepreßte Muttern, das sind Muttern, deren Gewinde verformt ist. Man sieht das an den in den Sechskant eingestanzten Preßstellen. Auch sie sind nach 3- bis 5maligem Lösen zu erneuern
- Sicherung durch „Loctite". Je nach Fabrikat und Art der Konstruktion werden einige bis sehr viele Schrauben mit einem Dichtungsbzw. Klebemittel eingesetzt und damit ein Lösen verhindert. Das Mittel bekommen Sie unter verschiedenen Markennamen bei Ihrem Motorenhändler. Es müssen beide Gewindeteile von alten Resten sowie von Fett gut gereinigt (Drahtbürste und Benzin, Tetra oder Nitroverdünnung) und dann der Anleitung entsprechend eingesetzt werden.

Ersatzteile und Werkzeug

● Bei der Bestellung von Ersatzteilen muß immer die Modell- und Seriennummer des Motors angegeben werden. Es empfiehlt sich auch, über den Händler beim Motorkauf zu versuchen, eine Ersatzteilliste zu dem Motor zu bekommen. Es handelt sich vorwiegend um sehr detaillierte Fotomontagen oder Explosionszeichnungen, aus denen man sehr gute Rückschlüsse auf den Aufbau des Motors ziehen kann und gleichzeitig eine gute Hilfe für Reparaturen findet.

● Nur Originalersatzteile verwenden.

● Für Auslandsfahrten, besonders in Länder, wo Ihre Motorenmarke nicht durch ein dichtes Servicenetz vertreten ist, empfiehlt es sich, vorher in der Werkstatt oder beim Fachhändler zu besprechen, welche Ersatzteile für die Urlaubsreise mitzunehmen sind.

● Hier eine Übersicht der Mindestausrüstung von Ersatzteilen für den üblichen Sommerbetrieb:

Reservepropeller (wird in der Steigung etwas anders gewählt, z. B. etwas kleinere Steigung für Mehrbelastung bei Urlaubsfahrt oder für eine Wechselmöglichkeit Wasserskizug/schnelle Fahrten)

1 Satz Zündkerzen
Scherstifte (mind. 5)
Propellermutter (auch bei Propellern mit Rutschkupplung)
Splinte für Propellermutter
Keil mit Knebel und Achtknoten (für Notstart)
Getriebeverschlußschrauben mit Dichtungen
Filtersieb mit Dichtung
Dichtungssatz für Benzinpumpe und Vergaser
1 Zündkabel (das längste)
Umfang je nach Reiseart erweitern

● *Pflege- und Schmiermittel an Bord*
Sprühöl (Wasser unterwandernd)
Fett (seewasserfest oder Mehrzweckfett)
1 Tube Getriebeol

ausreichend Motoröl für Benzinzusatz

1 Fettpresse (mit Fett), sofern Motor Schmiernippel hat

● *Bordwerkzeug*

Es hat keinen Zweck, hier durch eine Aufzählung langer Werkzeug-
listen Platz zu verschwenden, dafür sind die Motoren schon eines
einzigen Herstellers zu verschieden. Lesen Sie sich das Kapitel Not-
reparattur und Reparaturen durch, und unterhalten Sie sich dann
mit Ihrem Motorenhändler.

Die pauschal zusammengestellten Werkzeugsätze, die vielfach angeboten werden, sind zu wenig speziell. Lassen Sie sich im einzelnen sagen, welche Schlüsselgrößen und welche Schlüsselart Sie für
die einzelnen Reparaturen brauchen, oder prüfen Sie es selbst an
Ihrem Motor. Dann gilt es allerdings zu beachten, daß die Motoren
nach drei verschiedenen Maßsystemen oder Normen gebaut sind:

Metrisches System (leicht zu beschaffen)

SAE-Norm (Society of Automotive Engineers)

BS-Norm (British Standartising)

Je nach Herkunftsland müssen Sie sich mit dem entsprechenden
Werkzeug ausrüsten. SAE- und BS-Schlüssel sind nicht überall zu
haben. Der Motorhändler gibt Ihnen eine entsprechende Quelle.
Neben den Schlüsseln (Ring-, Steck- und Innensechskantschlüssel)
brauchen Sie folgende Werkzeuge:

>Kerzenschlüssel
>
>Kombizange
>
>Schraubenzieher (mittlere Größe, 6—8 mm)
>
>Hammer
>
>Schlüssel für Propellermutter

und für Notfälle:

>1—2 Eisensägeblätter
>
>Rundfeile und Halbrundfeile (mittlere Größe)
>
>Flachmeißel.

● *Material für Notreparatur*

Einige Meter Kupferdraht ca. 1 mm Durchmesser

Tesa- und Isolierband

Einige Schlauchschellen ca. 20 mm Durchmesser (nicht rostend)
ca. 2 m Schlauchschellenband mit Schlössern (verzinkt)
einige Meter flexibles Kabel, einadrig, 1,5 mm Querschnitt
Gummiringe aus Autoreifen, Gummistropps mit Plastikhaken
einige 5 cm lange Stücke Kupferrohr 4, 6, 8 und 10 mm ϕ, die man
im Notfall als Schlauchkupplung verwenden kann.

● *Sonderwerkzeuge*
Brauchen Sie nur, wenn Sie über den hier geschilderten Reparatur-
umfang hinausgehen wollen. In diesem Fall ist eine Aussprache mit
dem Fachmann unerläßlich. Sie werden zwar überall auf die Meinung stoßen, daß die weitergehenden Reparaturen eine Sache der
Service-Werkstätten bleiben sollten, doch wird man Ihnen schließlich und endlich Auskunft und Beratung geben.

Motor über Bord

In der Betriebsanleitung stehen genaue Verhaltensregeln. Es geht darum, möglichst schnell das Wasser aus dem Motor zu entfernen und ihn
ohne Oxydationsschäden innerhalb von 6 Stunden zur Werkstatt zu
bringen, die dann den Motor fachgerecht verarztet. Es scheint mir jedoch sehr theoretisch, und diese Frage richtet sich an die Importeure
und Hersteller: Wo gibt es, gleichgültig ob Inland oder Ausland, die
Werkstatt, die am Sonntagnachmittag geöffnet hat und den Motor fachgerecht unter ihre Fittiche nimmt? Mit dieser Möglichkeit kann man
kaum rechnen!
Deshalb gilt es, in erster Linie zu verhindern, daß der Motor über Bord
geht.

● Motor auf Klemmplatte befestigen.
● Motor verbolzen, wenn es die Art des Betriebes erlaubt.
● An jeden Motor eine Sorgleine.

● Beim Aufsetzen des Motors am Steg besonders darauf achten, daß er nicht ins Wasser fällt. Unter Umständen — wenn es zu wackelig ist — wird die Sorgleine so verlängert, daß man den Motor gleich wieder herausziehen kann.

Wenn es trotzdem passiert:

1. Motor raus
2. Haube ab
3. Kerzen raus (Kerzen außerhalb der Wanne mit Draht kurzschließen oder Kerzen raus und Stecker hochbinden, so daß sie weit von Masse entfernt sind. Durch mögliche Funken Brandgefahr!)
4. Motor senkrecht stehend leerlaufen lassen
5. Motor mit Kerzenöffnungen nach unten leerlaufen lassen
6. Motor senkrecht stellen und mit Handstarter vorsichtig und langsam durchdrehen
7. Motor auf Kopf stellen und Sprühöl unter das Schwungrad sprühen, den Motor etwas hin- und herbewegen und zu drehen versuchen
8. Motor mit Kerzenöffnungen nach oben und in die Zylinder Spiritus oder Methanol (sie binden Wasser) einfüllen, zur Not geht auch Benzin. Kerzen einschrauben und Motor in verschiedene Lagen und um die Längsachse drehen. Mit Handstarter Triebwerk bewegen.
9. Vergaser reinigen.
10. Motor ans Boot hängen und 20mal oder öfter mit Starter durchdrehen (mit abnehmendem Widerstand schneller), bis schließlich keine Wasserspritzer mehr aus den Kerzenöffnungen kommen.
11. Ersatzkerzen eindrehen, Motor nach kräftigem Vorpumpen von Kraftstoff zu starten versuchen. Es kann sein, daß Wasser im Filter oder Vergaser sitzt und die Kanäle verschließt. Dann mit einer Spritzölkanne Benzin in den Vergaser spritzen. Springt der Motor an, dann erst langsam laufen lassen, bis er Betriebstemperatur erreicht hat und dann mindestens 1 Stunde fahren (nicht mehr als $1/2$-Gas).
12. Springt er nicht an, siehe Fehlersuche Seite 51
13. Ist der Motor gelaufen, Konservierungsöl in den Vergaser, bis Motor stehen bleibt (siehe Winterlager Seite 70) und mit Sprühöl ganzen

Block und Unterseite der Schwungscheibe sowie alle Kabel einsprühen (siehe Winterlager Seite 71).

14. Motor auf schnellstem Wege zur Werkstatt bringen.

Wichtig! Es kommt vor, daß Sand im Motor ist, dann ist das Starten gefährlich. Man spürt es durch Klemmen des Triebwerkes. In diesem Fall darf der Motor nicht mit Gewalt gestartet werden. Nur mit Spiritus auffüllen und durchzudrehen versuchen, um das Wasser herauszubekommen. Möglichst schnell zur Werkstatt.

Notfall und Notreparatur (keine Dauerlösung)

kein Öl fürs Benzin	*SAE 30 Öl verwenden und 25:1 mischen*
kein Getriebeöl	*SAE 80 einfüllen*
keine Originaldichtung	*s. Seite 84*
kein Scherstift	*Drahtstück oder Nagel verwenden*
kein Splint für Propellermutter	*Draht durch das Loch stecken und die Enden zusammendrehen*
Schlauch (irgendeiner) gerissen	*kurzes Rohrstück einsetzen und mit Schlauchschellen abdichten*

Gefahrenreparatur

Dies darf nicht als Empfehlung für längeren Betrieb verstanden werden. Es handelt sich um echte Notreparaturen, die nur dann durchzuführen sind, wenn keine Zeit bleibt, um die tatsächliche Ursache zu suchen und zu beheben, z. B. Kentergefahr in schwerem Wetter oder Auflaufen auf Legerwall.

Kein Kühlwasser an der Kontrollöffnung (keine Verstopfung zu finden)	*Kühlwassereingang ist nicht verstopft, nehmen Sie die Haube ab, und fühlen Sie von Zeit zu Zeit die Temperatur des Auspuffsammlers am Motor-Block. Wird dieser nicht*

Thermostat defekt (Motor wird zu heiß)

Motor bleibt stehen (kein Benzin), Sie sehen, daß der Pumpball an der Brennstoffleitung durch Unterdruck zusammengezogen ist

Motor bekommt kein Benzin, da Brennstoffkupplungsventil verklemmt

Membran der Benzinpumpe gerissen (kein Ersatz vorhanden)

sehr heiß, können Sie unter ständiger Kontrolle nach Hause fahren. Wird er jedoch sehr heiß, muß der Defekt gesucht werden

s. Seite 84

Ball aus der Leitung schneiden, durch Rohrstück Leitung verbinden, Tank hochhalten, mit Ölkanne Benzin in Vergaser spritzen, starten, bis Motor kommt und gleichmäßig läuft, dann kann der Tank wieder an seinen Platz gestellt werden.

Brennstoffleitung vor der Kupplung abschneiden, Schlauch vom Vergaserfiltereingang ziehen und das abgeschnittene Ende des Tankschlauches aufschieben.

Benzinpumpe abbauen, Unterdruckleitung stillegen, Filterzuleitung abziehen und direkt an die Saugseite des Vergasers halten. Mit Ball pumpen. Wenn der Motor rundläuft, kann der Tank hochkant über das Vergaserniveau gehalten werden. Der Motor läuft dann nach dem Fallbenzin-Prinzip weiter. Wenn er zu stottern anfängt, pumpen. Ist auch der Ball ausgefallen, Ball herausschneiden, Schläuche durch Rohrstückkupplung zusammensetzen und wie oben weitermachen.

Anatomie der Außenborder

Die folgenden Seiten sind insbesondere für Laien gedacht, die sich zumindest einen prinzipiellen Einblick in das Innenleben ihres Bootsantriebs verschaffen wollen.

In konzentrierter, aber vereinfachter Form wird auf die heute üblichen Abläufe und Konstruktionsmerkmale der verschiedenen Marken eingegangen, so daß man nicht nur einen guten Einblick in die Wirkungsweise des Außenborders, sondern auch eine Übersicht über die Details und den technischen Stand dieses kompakten Bootsantriebs bekommt, was schließlich zu mehr Verständnis beim Kauf und dem Fahren führt.

Der Außenborder ist so weit perfektioniert, daß man bei richtiger Bedienung und ständiger Wartung durch die Service-Werkstatt nur noch an den Knöpfen und Hebeln zu ziehen hat, ohne jemals unter die Haube sehen zu müssen, geschweige denn, das zu verstehen, was unter dieser Haube vor sich geht. Diese Neigung vieler Eigner wird durch Hersteller und Importeure und ihrer Betriebsanleitungen sowie Werbung noch unterstützt. Es handelt sich aber immerhin um einen Bootsantrieb, der im Sinne guter Seemannschaft, ohne das Sicherheitsrisiko von Boot und Besatzung zu vergrößern, ein gewisses Maß an Einblick in seine Anatomie erfordert.

Ein moderner Außenborder mittlerer Leistung besteht aus ca. 500 bis 600 verschiedenen Teilen. Auf die verschiedenen Systeme verteilt, ist es jedoch möglich, diese Gruppen ohne große technische Vorbildung zu durchdenken.

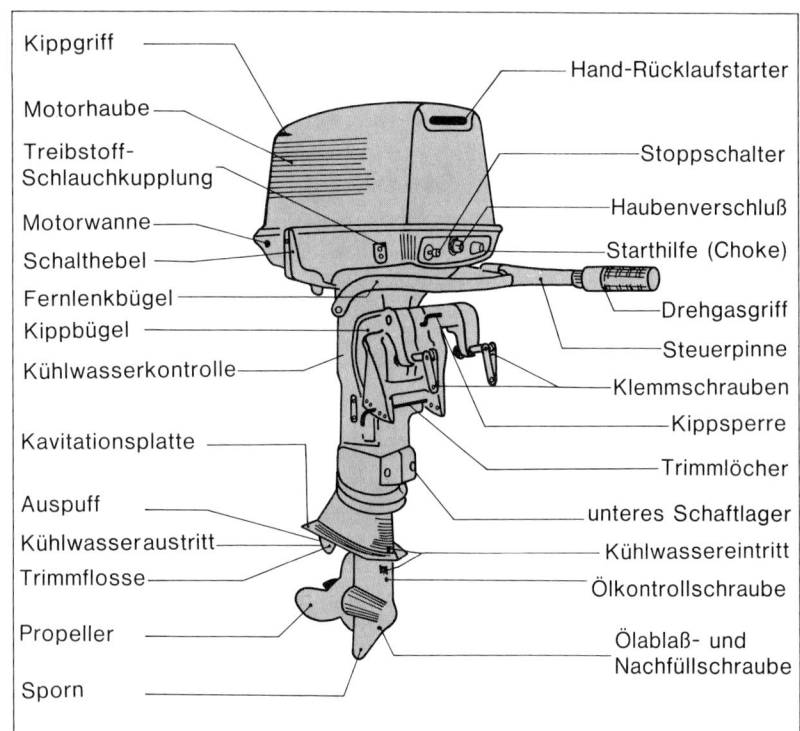

Kippgriff

Hand-Rücklaufstarter

Motorhaube

Treibstoff-
Schlauchkupplung

Stoppschalter

Haubenverschluß

Motorwanne

Starthilfe (Choke)

Schalthebel

Fernlenkbügel

Drehgasgriff

Kippbügel

Steuerpinne

Kühlwasserkontrolle

Klemmschrauben

Kippsperre

Kavitationsplatte

Trimmlöcher

Auspuff

unteres Schaftlager

Kühlwasseraustritt

Kühlwassereintritt

Trimmflosse

Ölkontrollschraube

Propeller

Ölablaß- und
Nachfüllschraube

Sporn

Die äußeren Teile des Motors. Die Motorhaube, -wanne und das Gehäuse des Schaftes verdecken die gesamte Technik dieser kompakten Antriebseinheit. Am Handstartgriff werden Motoren bis ca. 20 kW gestartet. Für größere Motoren ist er nur noch Notstarter. Die Bedienung erfolgt durch: Starthilfe (Choke) und den Drehgasgriff an der Pinne. Das Getriebe wird mit dem Schalthebel auf vorwärts, Leerlauf und rückwärts gestellt. Mit dem Stoppschalter wird der Zündstrom zum Abstellen des Motors unterbrochen. Die Befestigung am Spiegel erfolgt mit zwei Klemmschrauben. An dieser Einheit ist der Motor auf Schwingmetallen gelagert (unteres Schaftlager). Er kann über den Kippbügel hochgeklappt und mit der Kippsperre blockiert werden. Den Kühlwasserein- und -austritt findet man unter der Kavitationsplatte, die die Dampfblasenbildung (Kavitation) am Propeller verhindert. Die Trimmflosse dient zum Ausgleich des seitlichen Propellerschubs. Der Sporn oder die Schafthacke schützt den Propeller bei Grundberührung.

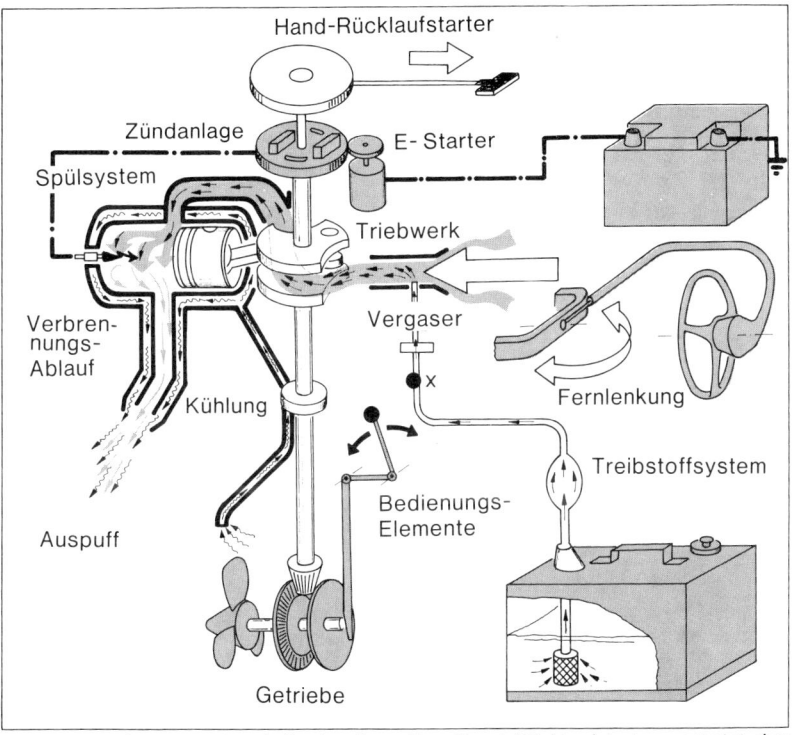

Prinzipielle Systeme des Außenborders. Der Hand-Rücklaufstarter versetzt den Motor in Drehung. Dadurch wird in der Zündspule Strom erzeugt, der das Kraftstoff-Luft-Gemisch zündet. Die Mischung entsteht im Vergaser, wird im Kurbelgehäuse vorverdichtet und gelangt durch den Überströmkanal in den Zylinder. Der Brennstoff wird vom Tank über einen Vorpump-Ball und den Filter von der Brennstoffpumpe zum Vergaser befördert. Die Verbrennung setzt neben der Arbeit viel Wärme frei, die vom Kühlsystem und dem Auspuff abgeführt wird. Zum Vorwärts- und Rückwärtsfahren haben die Motoren über 3 kW ein Getriebe, über das, mit untersetzter Drehzahl, der Propeller angetrieben wird. Kleinere Motoren werden mit der Pinne gesteuert, größere hingegen mit Bowden- oder Seilzug über ein Lenkrad gefahren. Ab 20 kW ist ein E-Starter, der eine Batterie erfordert, üblich. (x) = Viele Motoren haben bereits Öleinspritzung. Das Mischen entfällt. Der Ölzusatz erfolgt automatisch und optimal je nach Drehzahl.

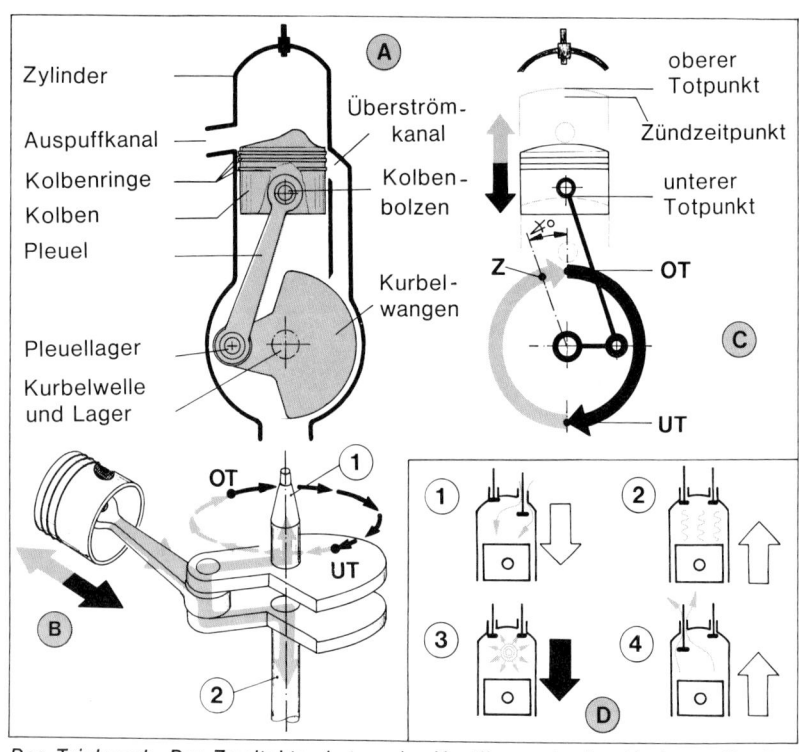

Das Triebwerk. Der Zweitakter hat weder Ventile, noch eine Nockenwelle. Der Verbrennungskreislauf wird innerhalb einer Kurbelumdrehung absolviert.

Skizze A zeigt das Triebwerk von oben gesehen (der Außenborder hat liegende Zylinder). In Skizze B ist die Umwandlung der Hin- und Herbewegung des Kolbens in die Drehbewegung der Kurbelwelle gezeigt. Auf dem Wellen-Keil (1) sitzt das Schwungrad. Nach unten geht die Verlängerung (2) zum Getriebe. In Skizze C sind der obere und untere Totpunkt sowie der Augenblick der Zündung dargestellt. Den gesamten Verbrennungsablauf und Spülvorgang, auf Kurbelwellengrade übertragen, nennt man Timing. Es sagt aus, wieviel Grad z. B. die Zündung vor dem oberen Totpunkt zu erfolgen hat, oder wann welcher Schlitz im Zylinder vom Kolben freigegeben bzw. geschlossen wird. Zum Vergleich der 4-Takter rechts unten: (1) Ansaugen; (2) Verdichten; (3) Verbrennen; (4) Auspuffen.

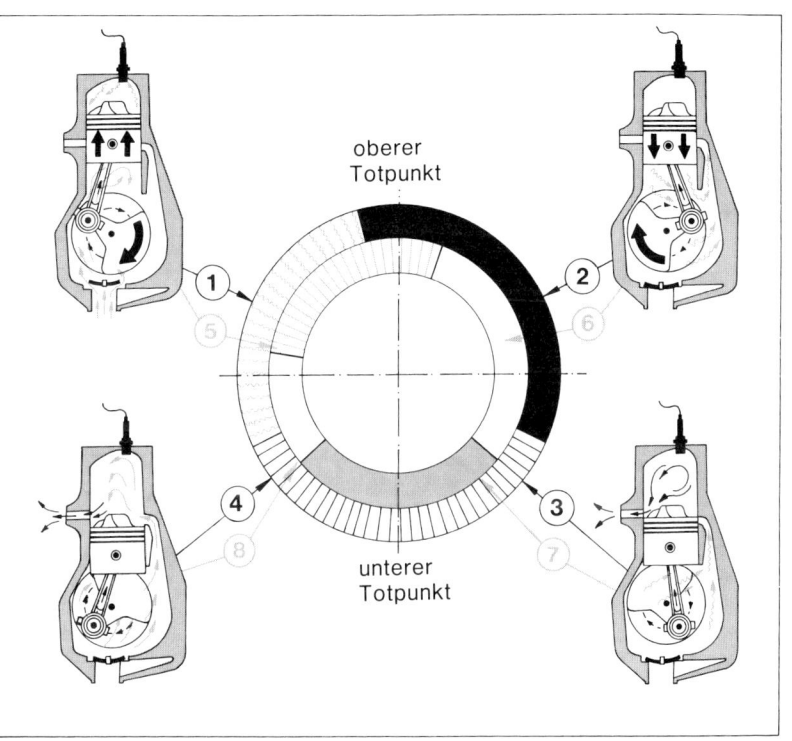

Arbeitsablauf im Außenborder (Zweitakt-Prinzip): Man muß hier zwei Komplexe betrachten, den Zylinderraum und das Kurbelgehäuse. (1) = Verdichtungshub, der Kolben bewegt sich nach oben. Kurz vor O. T. erfolgt die Zündung. Bevor sich die Verbrennung richtig entwickelt, überschreitet der Kolben den oberen Totpunkt. (2) = Verbrennungshub, der Arbeit leistet. Das sind die zwei Vorgänge, aus denen der Name Zweitakter abgeleitet ist. (3) Vor dem unteren Totpunkt öffnet sich der Auspuffschlitz, das Gas beginnt auszuströmen, und gleich nach dem Überschreiten des U.T. wird der Kreislauf durch das Überströmen des Frischgemischs (4) abgeschlossen. Während dieses Ablaufs (1–4) arbeitet noch ein zweites System, das Kurbelgehäuse. (5) Der Kolben saugt mit der Unterseite Gemisch vom Vergaser an. (6) Im Kurbelraum wird es vorverdichtet und strömt bei Öffnen der Schlitze (7) über, bis es die verbrannten Gase ersetzt hat (8).

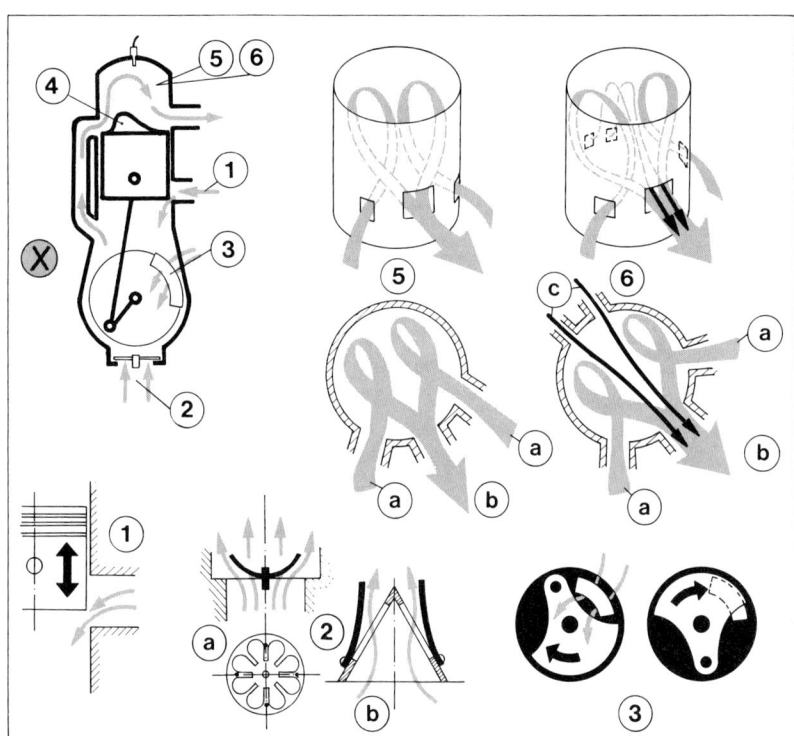

Gemischsteuerung am Gehäuseintritt und Spülverfahren. Skizze X zeigt die Lage der Details. Kurbeleingang: (1) Gaseintritt durch einen Schlitz, der von der Unterseite des Kolbens gesteuert wird; (2) das Gas tritt an der Vorderseite des Kurbelgehäuses ein, es wird durch Flatterventile gesteuert, die auf Unterdruck im Kurbelraum öffnen. Zwei Formen (a) und (b) sind üblich; (3) das Gas tritt durch Schieber zwischen den Kurbelwangen ein, die entweder mit Flatterventilen auf Unterdruck reagieren oder von einer auf der Kurbel mitlaufendenn Lochscheibe gesteuert werden.

Der Gaswechsel im Zylinder entscheidet über die Wirtschaftlichkeit des Motors. Man verwendet zwei Spülarten: Die Querspülung mit Nasenkolben (4) und die Umkehrspülung mit zwei Haupteinlaßschlitzen und einem (auch mehrere) Auslaßschlitz (5) oder mit zusätzlichen Hilfsspülschlitzen (6). Es bedeuten: (a) Haupteintritt; (b) Auspuff; (c) Hilfsspülschlitze.

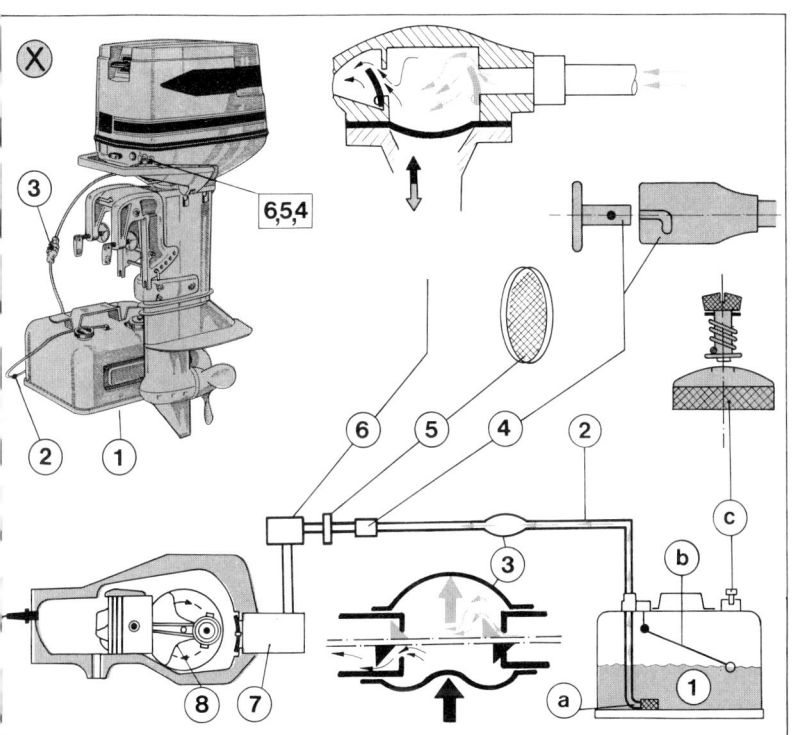

Treibstoffsystem vom Tank bis zum Vergaser. Skizze X zeigt die Lage der Details. Der Tank (1) besteht aus einem Saugrohr (a), einer Treibstoffanzeige (b), dem Verschluß mit Be- und Entlüftungsschraube (c). Der Brennstoffschlauch (2) hat einen Vorpump-Ball (3) und Kupplungen (4) für Tank und Motor. Der weitere Weg des Treibstoffs: Filter (5), Brennstoffpumpe (6), Vergaser (7), Kurbelgehäuse (8), Zylinder. Detail 3: Funktion des Pumpballs: Drücken (untere Hälfte — schwarz), Saugen (obere Hälfte — grau). Detail 4 zeigt eine Schlauchkupplung mit Bajonettverschluß. Es gibt einige andere Verschlüsse, die aber genauso einfach funktionieren. Detail 5: Hier ist ein Filtersieb gezeichnet. Es gibt auch andere Filter z. B. mit Schauglas. Detail 6: Die Brennstoffpumpe ist eine Membranpumpe, sie wird durch Unterdruck angetrieben. Schwarz = Druckphase; grau = Membran saugt an.

103

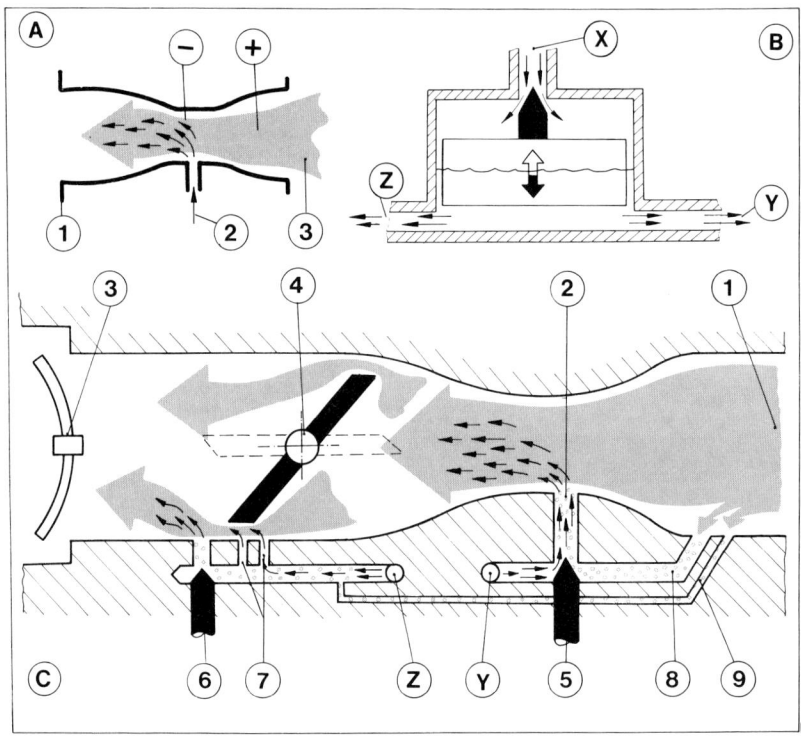

Vergaser. Prinzip (A): Am Kurbeleingang (1) entsteht Unterdruck (−), der Benzin aus der Düse (2) und Luft (3) ansaugt. Die Kraftstoffzufuhr wird vom Schwimmer (B) gesteuert. (X) = von Benzinpumpe, (Y) zur Hauptdüse, (Z) zur Leerlaufdüse. Skizze C: So einfach wie in (A) ist die Wirklichkeit nicht. Hauptteile: (1) = Eingang, (2) = Hauptdüse, (3) = Flatterventil, (4) = Drosselklappe, (5) = Regulierung Hauptdüse, (6) = Regulierung Leerlaufdüse, (7) = Bypaß, (8) = Korrekturluft Hauptdüse, (9) = Korrekturluft Leerlaufdüse, (Y) und (Z) = von Schwimmerkammer.
Mit der Drosselklappe wird Luft- und Benzinmenge (Gas) gesteuert. Da in geschlossener Stellung der Drosselklappe die Hauptdüse nicht funktioniert (zu geringe Strömung), saugt die durch den Spalt rauschende Luft Benzin aus der Leerlaufdüse. Der Bypaß verbessert den Übergangsbereich von Leerlauf zu mehr Gas, die Korrekturluft den Nachteil der Düsen, zuviel Benzin zu verbrauchen.

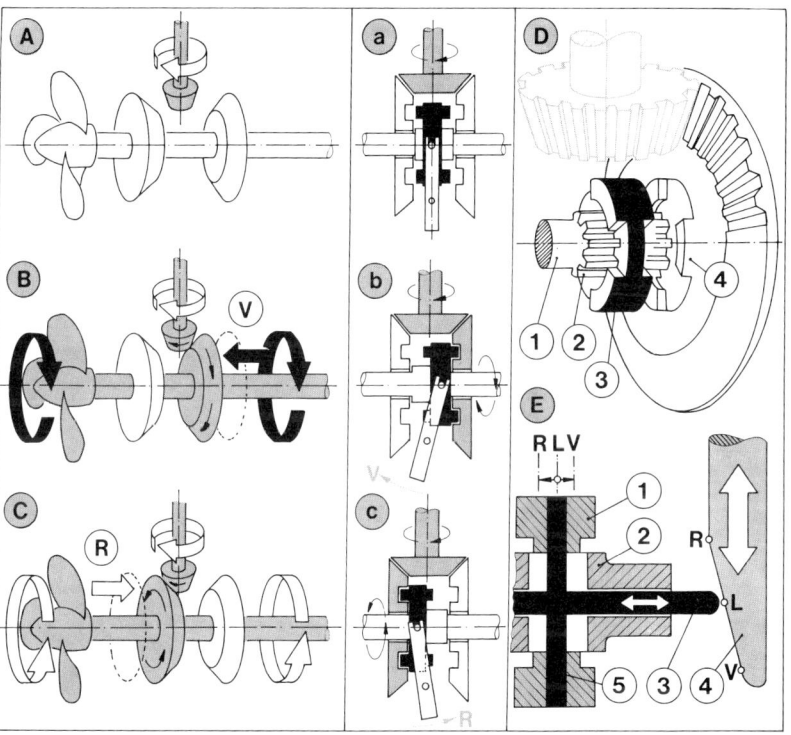

Das Getriebe von Außenbordmotoren besteht ohne Ausnahme aus einem Kegel-rad-Trieb.

Skizze A: Das Ritzel (1) läuft leer, die Kupplung (a) steht in der Mitte.

Skizze B: Die Kupplung (b) ist nach vorne gerückt, die Kraft wird vom vorderen Zahnrad auf die Propeller-Welle übertragen, der Motor läuft „vorwärts".

Skizze C: Die Kupplung (c) ist nach hinten gerückt, der Kraftschluß mit dem Retour-Zahnrad ist hergestellt, der Motor läuft „rückwärts".

Skizze D: Ein Teil der Propeller-Welle (1) ist als Keilwelle (2) ausgebildet, auf der in Längsrichtung verschiebbar die Kupplung (3) läuft. Sie greift mit den Zähnen in eine entgegengesetzte Verzahnung der Getrieberäder (4) ein. Das Schalten der Kupplung erfolgt auf zwei Arten: Entweder wie in den Skizzen a, b und c durch eine Klaue oder wie in Skizze E durch einen Steuerkeil. (1) = Kupplung; (2) = Keilwelle; (3) = Steuerstift; (4) = Steuerkeil; (5) = Mitnehmer.

105

Kühlwasser- und Auspuffsystem. Die Skizze (A) zeigt vereinfacht und über den Daumen gepeilt die Energiebilanz eines Außenborders. Die mit dem Treibstoff zugeführte Energie wird nur etwa zu einem Drittel auf den Prop gebracht. Ein weiteres Drittel geht in Form von Wärme über den Auspuff und das letzte Drittel mit dem Kühlwasser verloren. Der Propeller-Wirkungsgrad (X) halbiert alles noch, so daß nur ca. ¹/₆ der Energie in Schub verwandelt wird.

Skizze (B): Kleine Außenborder bis etwa 2 kW (3 PS) sind zum Teil luftgekühlt. Sie brauchen ein Gebläse (1) und Kühlrippen (2) am Zylinder, um die durch die Verbrennung entstehende Wärme abzuleiten. Problematisch ist die Kühlung des Auspuffs, weshalb einige Fabrikate Luft/Wasserkühlung haben (der Auspuff ist dann wassergekühlt). In den folgenden Skizzen ist (a) die Kontrollöffnung für Kühlwasser bzw. der Hilfsauspuff. Skizze (C): Einfachste Form der Wasserkühlung. Eine Pumpe (1) im Schaft fördert Wasser durch den Kühlmantel des Blocks und den doppelwandigen Auspuff. In Skizze (D) ist der Kühlkreislauf etwas verfeinert. Wenn der Motor noch kalt ist, fördert die Pumpe (1) das Kühlwasser über den Bypaß. Ist der Motor warm, öffnet der Thermostat (2), und das Wasser fließt durch den Kühlmantel.

(E): Hier wird das Kühlwasser ebenfalls von der Pumpe (1) gefördert, der Thermostat (2) steuert jedoch so, daß je nach Temperatur des Motors das Kühlwasser entweder über den Auspuff abläuft oder in den Kühlkreislauf zurückfließt. Skizze (F): Die Kühlwasserpumpe besteht aus einem Gummi- oder Kunststoffläufer, der außerhalb der Mitte des kreisrunden Gehäuses läuft. An der Gehäuseunterseite (1) tritt das Wasser ein und wird durch die Pumpenflügel (2) in den Ausgang (3) zum Kühlkreislauf gepreßt. Skizze (G) zeigt die prinzipielle Funktion des Thermostaten. (1) = Kühlwassermantel; (2) = Bypaß; (3) = Thermostat. In der Skizze oben ist der Thermostat geschlossen (der Motor ist noch kalt, das Kühlwasser läuft durch den Bypaß). In der Skizze unten hat der Thermostat geöffnet, das Wasser fließt durch den Kühlmantel. Skizze (X) zeigt das heute übliche wassergekühlte Auspuffsystem mit Leerlaufauspuff, der teilweise auch als Kühlwasserkontrolle arbeitet (bei einigen Modellen zusätzliche Bohrung, aus der ein Kühlwasserstrahl austritt). Die Auspuffgase gelangen aus dem Zylinder durch die Auspuffschlitze in den Auspuffsammler (b), der ebenfalls einen Wassermantel hat. Da die Auspuffgase, ihre Ableitung und die Bewältigung der hier auftretenden Schwingungen für die Spülungsqualität (Wechsel der verbrannten Gase mit Frischgas) und damit für die Leistungsfähigkeit des Motors eine entscheidende Rolle spielen, wird dem Auspuff bei der Konstruktion große Aufmerksamkeit gewidmet. Ein vereinfachtes Beispiel soll zeigen, was sich da ungefähr abspielt. Ein 2-Zylindermotor läuft mit Vollgas etwa 5500 U/min, d. h. es finden pro Minute 11 000 Verbrennungen statt. Der Motor hat also höchstens ¹⁰/₁₀₀₀ sec. Zeit, um den gesamten Kreislauf von Vorverdichten, Gaswechsel, Verbrennen und Auspuffen zu bewältigen. Diese Zeit halbiert sich für den

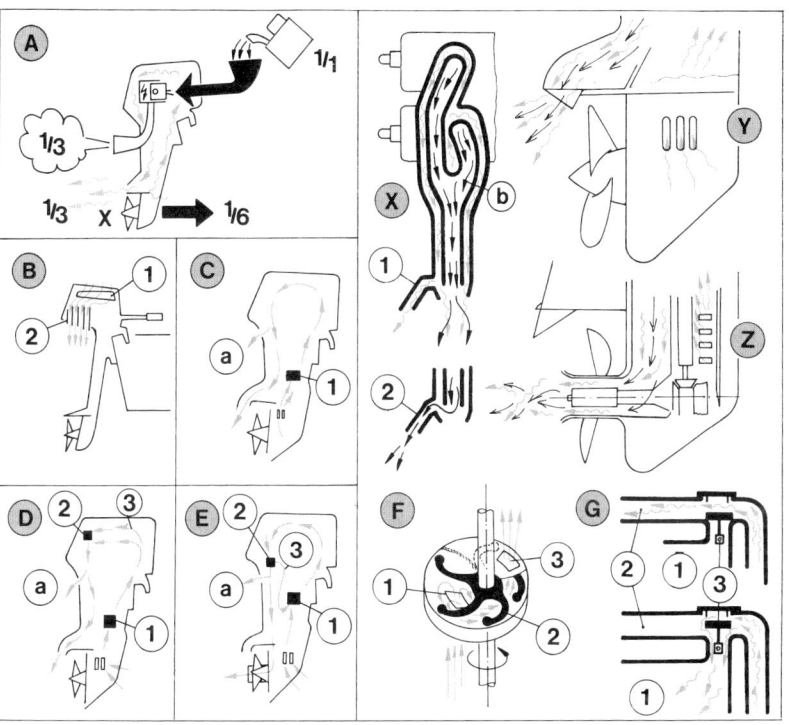

Auspuff noch, um die Gase wirkungsgerecht zu verarbeiten. Der Hilfs- oder Leerlaufauspuff (1) + (2) ist eine Starthilfe für den Motor. In (1) läuft der Motor, und
der Kühlraum ist mit Wasser gefüllt. Die Auspuffgase treten mit Wasser ver-
mischt durch das Unterwasserteil aus. Durch den Hilfsauspuff strömt Wasser als
Kontrollstrahl (in Form von Wasserdampf). In (2) wird der Motor gerade gestartet. Der Kühlwassermantel ist noch leer, deshalb treten durch den Hilfsauspuff
die Gase aus. Würde man auf diese Hilfe verzichten, müßten die Auspuffgase
das im Unterwasserteil stehende Wasser erst wegdrücken, um austreten zu
können. Dieser Gegendruck würde die Startfreudigkeit bereits nachteilig be-
einflussen. Die Skizzen (Y) + (Z) zeigen die beiden heute üblichen Kühlwasser-
und Abgasaustritte im Unterwasserteil. (Y) = Kühlwasseraustritt an Kavitationsplatte; (Z) = Kühlwasseraustritt durch Propellernabe. Als Sicherheitseinrichtung
gibt es einen elektronischen Überhitzungsschutz, der bei Kühlwassermangel den
Motor mit der Drehzahl herunterregelt.

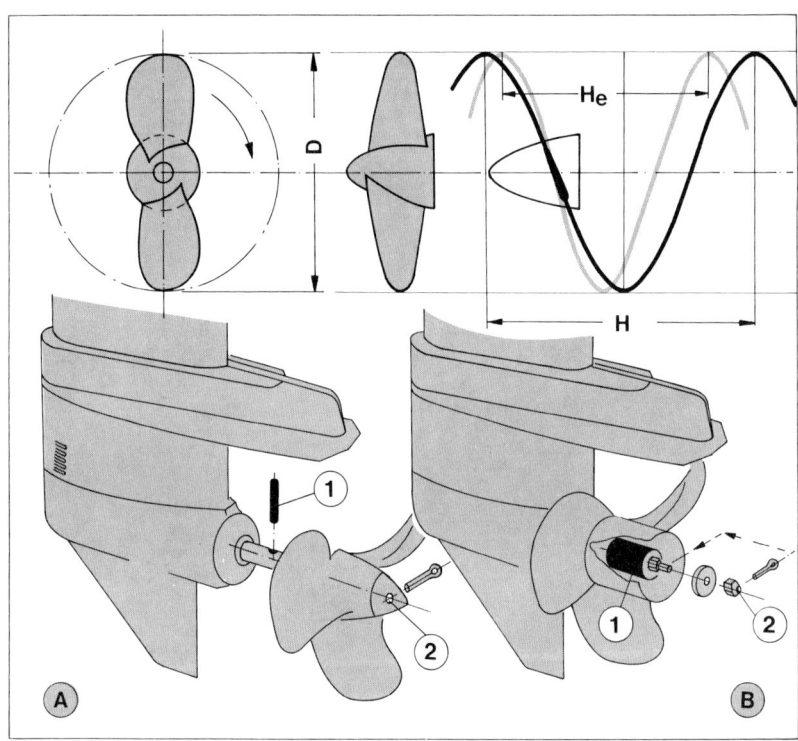

Propeller von Außenbordern. Der Propeller setzt die Drehbewegung in Schub um. Bezeichnung: Durchmesser D x Steigung H. Häufig steht noch die Flügelzahl dahinter. Die Steigung ist der theoretische Schraubenweg (wie Gewinde), der in der Praxis nie zu erreichen ist. Im Wasser rutscht der Propeller durch, was man als Schlupf oder Slip bezeichnet. In der Skizze ist diese Strecke als H_e (effektiver Propeller-Weg) bezeichnet. Anhand der Propeller-Maße kann man Rückschlüsse auf seine Verwendung ziehen. Bei Außenbordern ist der Durchmesser durch das Unterwasserteil begrenzt, es wird nur die Steigung variiert.

Steigung größer als Durchmesser: Propeller für schnelle und leichte Boote; Steigung so groß wie Durchmesser: Propeller für normale Gleiter; Steigung kleiner als Durchmesser: Propeller für schwere Boote.

Skizze A: Bruchsicherung — Scherstift (1), Propeller-Mutter (2). Skizze B: Bruchsicherung — Rutschkupplung (1), Propeller-Mutter (2).

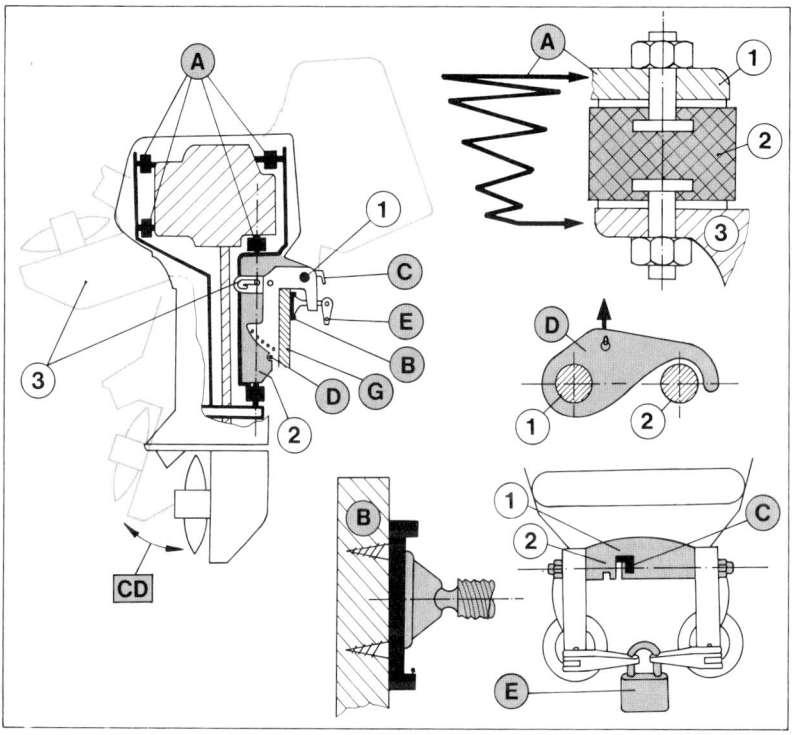

Aufhängung und Kippvorrichtung des Motors. Skizze X: (1) = Kippwelle; (2) = senkrechte Steuerwelle; (3) = Raste für hochgekippten Motor.

Die Klemmschrauben (E) sind in jedem Fall durch ein Schloß zu verschließen. Der Motor und die Welle übertragen ihre Schwingungen nicht, wie man allgemein glaubt, direkt auf den Spiegel. Der Block hängt in Schwingmetallen (a), die die Schwingungen reduzieren. Detail A: Die starke Schwingung tritt in (1) ein, wird im Gummiblock (2) gedämpft, und nur der Rest wird über Teil (3) auf die Aufhängung und somit aufs Boot übertragen. (B) = Klemmplatte. Mit dem Hebel (C) läßt sich die Kippsperre öffnen oder blockieren (in Detail C Position 1 und 2). Detail D: Die Sperre besteht aus zwei Haken (1), die in den Spiegelbolzen (2) eingreifen. Zum Hochkippen muß die Sperre gelöst werden.

Lenkung und Schaltung. Skizze A: Die einfachste Form des Außenborders. Der Motor hat kein Getriebe. Gesteuert wird er mit der Pinne (1), die einen Drehgasgriff (2) hat. Um rückwärts fahren zu können, muß der Motor um 180° gedreht werden. Man bezeichnet das, als um 360° drehbar. Es gibt eine ganze Reihe kleiner Motoren (um 1,5 kW ~ 2 PS), die auch keinen Leerlauf haben. In dem Augenblick, in dem sie anspringen, fangen sie auch an zu schieben. Eine Leerlaufkupplung ist hier schon eine entscheidende Komfortsteigerung. Doch auch in den kleinen Leistungsbereichen kann man Motoren mit „Wendegetriebe" kaufen, an deren Getriebe bzw. Schaltung sich bis zu den stärksten PS-Bereichen im Prinzip nichts ändert. Skizze (B) zeigt einen kleinen, ebenfalls pinnengesteuerten Motor: Pinne (1) mit Drehgasgriff (2) und Getriebeschaltung (3), die auf vorwärts, Leerlauf und rückwärts schaltbar ist. Je nach Art des Bootes wird mit steigenden Anforderungen der Motor „ferngesteuert und -geschaltet". Für die Lenkung gibt es zwei grundsätzlich verschiedene Arten, die ab 20 kW aus Sicherheitsgründen zu empfehlen sind. Skizze (C) zeigt die Seilsteuerung. Hinter dem Armaturenbrett hat das Lenkrad eine Trommel, auf der in entgegengesetzter Richtung die beiden Lenkseile laufen. Die Seile werden über Blöcke umgelenkt und so zum Motor geführt. Um die Kraft zum Steuern zu halbieren, werden am Motor die Seile noch einmal über Seilrollen gelenkt und dann mit Federn (um die Seile elastisch auf Spannung zu halten) am Boot befestigt. Sehr viel komfortabler und defektfreier ist die in Skizze (D) gezeigte Kabelsteuerung. Sie besteht aus einem „Bowdenzug", das ist eine zwar biegsame, aber nicht zusammendrückbare Hülle (Kabel), in der ein Drahtseil läuft. Die Hauptteile der „Einkabel-Lenkung" sind in Detail (E) gezeigt: (1) = Lenkrad mit Trommel; (2) = Bowdenzug; (3) = Teleskoprohr, dessen Mantel am Motor und dessen Seil (4) am Boot befestigt ist. Detail (F) zeigt die heute übliche Einhebelschaltung, die ebenfalls nach Art der Bowdenzüge arbeitet. Der Schalthebel übernimmt hier gleichzeitig zwei Funktionen. Er schaltet das Getriebe und gibt Gas. In Stellung (1) ist Leerlauf, in (2) kuppelt das Getriebe auf vorwärts, und wenn der Hebel weiter nach vorn gedrückt wird, bekommt der Motor mehr Gas. Genauso ist es für Rückwärtsfahrt mit Stellung 3, nur in umgekehrtem Sinn. Um dem Motor auch im Leerlauf mehr Gas geben zu können, ist entweder ein Knopf (4) vorgesehen, oder der Schalthebel wird seitlich ausgerückt, so daß er nicht das Getriebe einkuppeln kann. Weiter gibt es noch Schaltungen mit durch getrennten Hebel steuerbarem Choke. Als Variante wird auch die sogenannte „Zweihebel-Schaltung" angeboten, in der Gashebel und Schalthebel getrennt sind. (5) = Bowden-

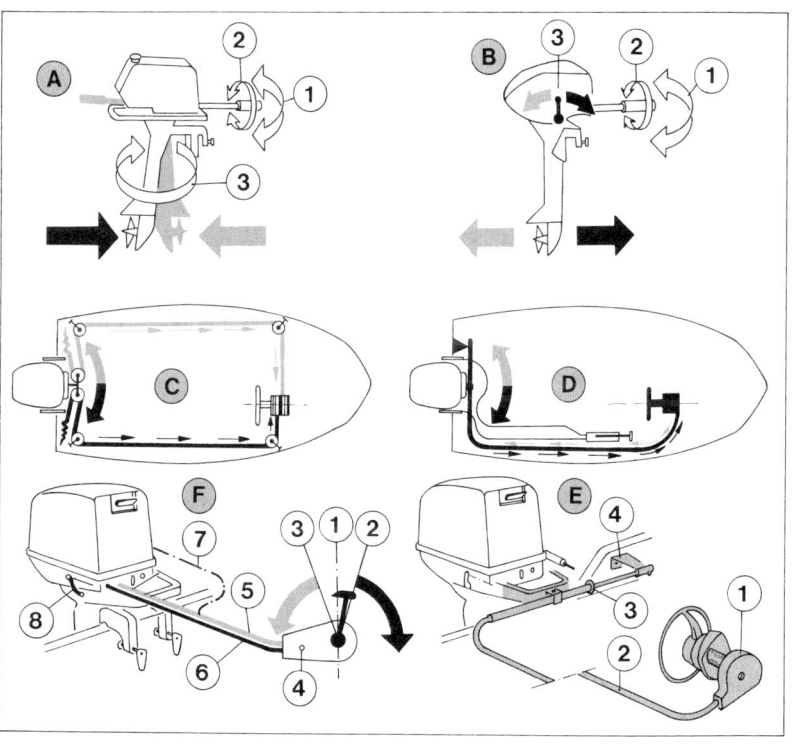

zug für Gas; (6) = Bowdenzug für Getriebe. Bei vielen Motoren werden die „Kabel'' auch an außen liegende Hebel (7) + (8) geführt, was im allgemeinen
leichter montierbar und unkomplizierter ist. Sie sind außenliegend, aber sehr
korrosionsanfällig und sollen, wie die Hersteller der innen liegenden Züge be-
haupten, mehr Schall nach außen führen.

111

Zünd- und E-Anlage. Die konventionelle Schwungrad-Magnetzündung gibt es mit verschiedenen Abwandlungen bis zu Leistungen von 40 kW, dann wird sie von der kontaktlosen Zündung, allgemein unter der nur teilweise richtigen Bezeichnung „Transistor-Zündung" bekannt, abgelöst.

Skizze A: *Die einfachste Form der Magnetzündung. Sie wird nur noch in den untersten Leistungsbereichen gebaut. Unter der Schwungscheibe liegt die Zündspule (1), in deren dicker Wicklung (Primärwicklung) von den Magneten (2) Strom erzeugt wird. Dieser Strom wird vom Kondensator (3) gedämpft, damit an den die Zündung steuernden Unterbrecherkontakten (4) kein Lichtbogen entsteht. Der Zündstrom wird in der dünnen Wicklung (Sekundärwicklung = grau) der Zündspule zu hoher Spannung umgewandelt. Er entlädt sich in der Zündkerze durch einen Funken und zündet damit das Gasgemisch im Zylinder.*

Skizze B: *Hier ist wieder die in (A) gezeigte Zündung unter dem Schwungrad zu finden (1), (2), (3) und (4). Zusätzlich ist jedoch noch eine Lichtspule vorhanden, die man heute schon bei kleinsten Motoren ab etwa 2 kW einbaut. Die Lichtspulen leisten je nach Größe bis 80 Watt und reichen gerade aus, um den an der Küste für die Beleuchtung notwendigen Strom nachzuladen (hohe Drehzahl vorausgesetzt). Wenn man damit laden will, kann man es nur während der Tagesfahrt tun.*

Skizze C: *In den letzten Jahren hat die Schwungrad-Magnetzündung mit außenliegender Zündspule eine sehr große Verbreitung gefunden.*

Zündspannung in kürzerer Zeit. Das hat insbesondere zu größerer Startfreudigkeit der Motoren im Leistungsbereich von 3 bis 30 kW geführt. Die Qualität des Zündfunkens liegt der kontaktlosen Zündung schon sehr nahe, es bleibt allerdings der Nachteil der ständigem Verschleiß unterliegenden Unterbrecherkontakte vorhanden, dafür ist diese Zündanlage entsprechend preiswerter.

Von der Stromspule (1) wird der von den Magneten (2) induzierte Primärstrom über Unterbrecher und Kondensatoren (3) zu der Primärwicklung der Zündtrafos (6) geleitet und erzeugt den Zündstrom. Die Unterbrecher (4) steuern den Stromfluß. (5) ist die Lichtspule.

Skizze (D): *Zeigt die Hauptteile der Zündung eines 2-Zylinder-Motors mittlerer Leistung mit Lichtmaschine. (1) = Spule für Zündstrom; (2) = Schwungscheibenmagnete; (3) = Kondensatoren; (4) = Unterbrecherkontakte; (5) = außen liegende Zündtransformatoren.*

Skizze (E): *Schema der E-Anlage eines Außenborders mit Lichtmaschine und E-Starter. (1) = Zündtrafo; (2) = Batterie; (3) = Starter-Relais; (4) = E-Starter;*

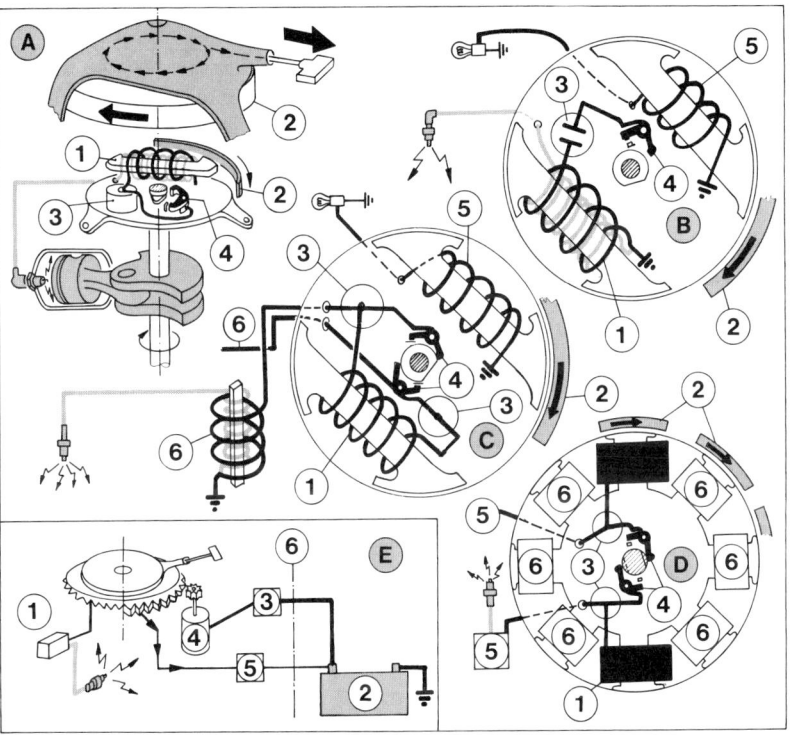

(5) = Gleichrichter (und Regler) zum Laden der Batterie; (6) = Zündschloß. Diese Art der E-Anlage ist heute dominierend. Sie hat den Vorteil, daß man keine Batterie braucht, um den Motor zu starten (von Hand). Die mit Hilfe des Handstarters erzeugte Drehzahl reicht zur Erregung eines ausreichend hohen Zündstromes aus. D. h. der Zündstromkreislauf ist batterieunabhängig. Die Lichtmaschine dient zum Aufladen der Batterie und diese wiederum zum Anlassen mit dem E-Starter und zur Beleuchtung.

Zum Unterschied von den hier gezeigten Schwungrad-Magnetzündungen, die unabhängig von einer Batterie arbeiten, gibt es bei einigen Fabrikaten die Batterie-Zündung, wie sie in Autos normal ist. Hier liefert die Batterie den Strom für die Zündung. Ist die Batterie leer, kann man nicht, wie bei allen Schwungrad-Magnetzündungen, den Motor von Hand starten.

Kontaktlose oder elektronische Zündung. Allgemein sind diese modernen Zünd-systeme unter dem Namen Transistor-, elektronische Zündung und verschiede-nen Super-Markennamen bekannt. Ihr richtiger Name ist jedoch Hochspan-nungs-Kondensator-Zündung (HKZ). In Verbindung mit dem unter dem Schwung-rad über Magnete erzeugten Strom werden sie als Magnet-Hochspannungs-Kondensator-Zündung (MHKZ) bezeichnet. Der wesentliche Unterschied besteht nicht nur darin, daß sie kontaktlos elektronisch geschaltet werden, sondern daß der Primärstrom aus einem Speicherkondensator kommt und nicht durch Zu-sammenbrechen eines Feldes, wie bei der Batterie- oder Magnet-Zündung, ent-steht. Zum Zündtrafo kommt eine Eingangsspannung von ca. 300 V, die dort bis 40 000 V hochtransformiert wird.

Der große Engpaß und ewiges Verschleißteil der konventionellen Zündung sind und waren Unterbrecherkontakte, deren Lebensdauer mit steigender Drehzahl abnahm, und die nicht mehr in der Lage waren, genügend Funken zu liefern. Diese Nachteile sind mit der kontaktlosen Zündung behoben.

Skizze A: Den ersten Schritt bildete die Transistor-Zündung, die zwar noch einen Unterbrecher verwendet, damit jedoch nur einen schwachen Steuerstrom schal-tet. (1) = Statorwicklung; (2) = elektronisches Schaltteil und Speicherkonden-satoren; (3) = Steuerstromkreis mit Widerständen; (4) = Unterbrecherkontakte, die nur den Steuerstrom schalten; (5) = Zündtrafo.

Skizze B: Die ganz ohne Kontakte arbeitende Hochspannungs-Kondensator-Zündung bezieht den Primärstrom aus den Statorwicklungen (1), er wird in dem Elektronikblock (2) gespeichert und geschaltet. Der Steuerstrom kommt über Sensoren (3), die meist in einer Scheibe unter dem Stator angebracht sind und von entsprechenden, mit der Schwungscheibe umlaufenden Magneten (4) erregt werden. (5) ist wiederum der Zündtrafo. Als zweite Art der Steuerung werden auch Fotozellen verwendet. Unter dem Stator läuft ein geschlitzter Ring (6), der eine Lichtquelle (7) unterbricht beziehungsweise zur Fotozelle (8) durchläßt.

Skizze (C) und (D) zeigen noch einmal den Vergleich zwischen der herkömm-lichen und kontaktlosen Zündung.

Skizze (C): Herkömmliche Schwungrad-Magnetzündung mit Zündspule (1), Kon-densator (2), Unterbrecher (3). Sie liefert im Höchstfalle einen Zündstrom von 15 000 Volt in einer Zeit von etwa 100 Mikrosekunden.

Skizze (D): Kontaktlose Zündung. (1) = Stromquelle; (2) = elektronischer Steuerteil; (3) = Sensor- oder Fotozelle als Impulsgeber; (4) = Zündtrafo. Diese Anlagen liefern eine Zündspannung bis zu 40 000 Volt in einer Zeit von nur fünf Mikrosekunden (20 x schneller). Man kann sich vorstellen, daß so ein Funke auf alle Fälle besser zündet (sogar bei total verölten Kerzen) als der aus einer herkömmlichen Anlage. Die kontaktlosen Zündsysteme sind zwar aufwendiger, sie machen jedoch die Zündanlage so gut wie wartungs- und verschleißfrei und verlängern die Lebensdauer der Zündkerzen. Man muß jedoch eines möglichst

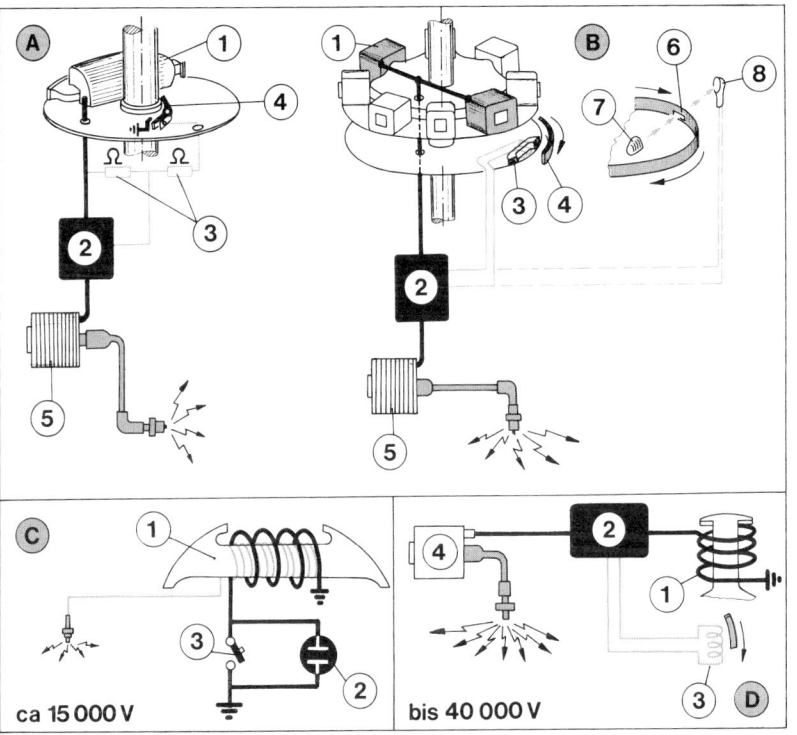

ca 15 000 V   bis 40 000 V

schnell begreifen. Eine Hochspannungs-Kondensator-Zündanlage ist kein Spielzeug für den Laien. Absolutes Tabu ist das „Kästchen" mit der Elektronik. Auch der Eingang des Zündstromes auf der Primärseite des Zündtrafos kann gefährlich werden (ca. 300 Volt). Wichtig ist es, noch zu wissen, daß man keine Instrumente anschließen darf, die nicht besonders für elektronische Zündanlagen geeignet sind (z. B. Drehzahlmesser, Amperemeter usw.), sonst sind die elektronischen Schaltteile sofort hinüber (kostet viel Geld).

Man muß, um an die Innenteile der Magnetzündung zu kommen, bei fast allen Motoren die Schwungscheibe abziehen, und davon ist abzuraten.

Bei den kontaktlosen Zündungen liegt zwar das Schaltteil außerhalb der Schwungscheibe, ist aber in Harz eingegossen und gegen falsche Spannungen und zu hohe Temperaturen sehr empfindlich, außerdem gibt es nichts zu verstellen. Das ist eine Sache der Service-Werkstatt.

115

Stichwortverzeichnis

Seitenzahl in normaler Schrift = Stichwort im Text
Seitenzahl in *schräger Schrift* = Hinweis auf Abbildung

Absaufen	44	
Absterben	57, 59	
Aktionsradius	25	
Amperemeter	*27, 115*	
Anatomie der Außenborder	97	
Ansaugen	*100*	
Ansauggeräuschdämpfer	*81*	
Antriebsstift	*86, 87*	
Auslaßschlitz	*102*	
Auspuff	98	
— Kanal	*100*	
— System	*106*	
Ausrüstung	26, 27	
Außenborder, Anatomie	97	
— Systeme	*99*	
— als Hilfsantrieb	47	
— als Notmotor	50	
Batterie	27	
— Kapazität	27	
— Zündung	30, 31	
Benzinanzeiger	27, *82*	
— Öl-Gemisch	28	
-pumpe	*79, 91*	
— Verbrauch	21	
Betriebsanleitung	18	
Bordwerkzeug	92	
Bypaß	*84, 106*	
Choke	33, *35*, 98	
— Klappe	*80*	
— Stellung	35	
Dampfblasenbildung	85	
Defektanfälligkeit	7	
Dichtungen	*84*, 91	
Doppelmotoren	16	
Dränage-System	44	
Drehachse, einstellen	44, *44*	
-kreise	*43*	
-momentschlüssel	*71*	
Drehzahlmesser	37, *41, 115*	
Drosselklappe	*35, 80*	

E-Anlage	*112, 114*	
Einbautanks	*22*	
Einfahren	*35*	
Einhebel-Schaltung	*110*	
Einkabel-Lenkung	*110*	
Einlaßschlitz	*102*	
Einstellung Boot/Motor	37	
Einwintern, selbst	*68*	
Elektronische Zündung	*114*	
Entlüftungsschraube	*82*	
Ersatzteillager	*17*	
Erstinspektion	*18*	
E-Starter	*112*	
Explosionsgefahr	7, *24*	
Fachberatung	*18*	
Fahren, richtig	*28*	
Fahrt, wirtschaftliche	*12*	
Farbe	*75*	
Fehlersuche	51	
Fehlzündung	58, *65*	
Fern-Lenkung, -Schaltung	*110*	
Fettes Gemisch	44	
Feuerlöscher	*26*	
Filter	91, *103*	
-kontrolle	*78*	
Flatterventile	*102*	
Flügelzahl (Prop)	*108*	
Formwiderstand	*39*	
Fotozellen	*114*	
Funkenprüfung	*63*	
-schutzgitter (Vergaser)	*81*	
Funktionskontrollen	*66*	
Gaseintritt	*102*	
-stellung	33	
-wechsel	*102, 106*	
Gefahrenreparatur	95	
Gemisch, einstellen	44, 45	
-schraube	*45, 81*	
-steuerung	*102*	
Geschwindigkeit auf Meßstrecke	43	
—, Mangel an	56	

Geschwindigkeitsmesser 27
Geschwindigkeit, voraussichtliche 12
Getriebe 32, 105
-dichtung 86
-öl 72
-ölwechsel 73
-untersetzung 10
Gewichtsvergleich 10
Gewinde, ausgerissene 90
Gleichrichter 112
Gleiter 11
Glühzündung 65

Handstarter, Prinzip 36
-start, Defekte 88
Hauptdüse 80, 81
-antrieb (Segelboot) 47
Hilfsauspuff 37, 106
-motor 16
Hochspannungs-Kondensator-
Zündung (HKZ) 114
Höchstdrehzahl 22
-leistung 22
Hubvolumen 8

Inspektion, erste 31
Instandhaltung 76

Kavitation 85
Kavitationsplatte 30, 98
—, Höhe der 30, 38
—, Stellung der 43
Kerzenschlüssel 62
Kilometerzähler 27
Kippachse, einstellen 44, 44
-vorrichtung 33, 33, 109
Klauenkupplung 105
Klemmbrett, -schraube 30, 31, 98
Kolben 100
Kondensator 112
Konservieren 61, 67, 70, 71
Kontaktlose Zündung 114
Korrosion 60
Korrosionsschutzfett, -öl 72, 74
Kraftstoffanschluß 98
-anzeige 82
— Filter 78
— Gemisch 28
— Pumpe 79
— System 82, 103
— Verbrauch 21, 21
Kühlwasser 98
-kontrolle 37, 37, 98

-mantel 84
-mantel, durchspülen 69
-pumpe 84, 106
-system 106
Kupplung 105
Kurbelwelle 100
Kurzschlußschalter 26, 35

Lagerung 46
Langschaft 17
Lebensdauer 7
Leckagen 71
Leckwanne 17
Leerlauf 32
-auspuff 106
-drehzahl, einstellen 45
-düse 80, 81
-gemisch 45
-kupplung 110
Leistung, abnehmende 54
Leistungsgewicht 12
-vergleich 19
Lenkung 110
Lichtmaschine 112
Lichtmaschinen-Umbausätze 27
Lichtspule 27, 112
Loctite (Schraubensicherung) 90
Log, eichen 41
Luft, falsche 78
— im Propeller 43
Lüftung des Stauraums 49

Magnet-Hochspannungs-
Kondensator-Zündung 114
Manövrierfähigkeit 7
Maße, wichtige 17
Mehrzweckfett 72
Meilenzähler 27
Membran 79
-pumpe 79, 103
Meßinstrumente (Werkstatt) 76
Meßstrecke 42
Mindestausrüstung 26
— (Ersatzteile) 91
Mindestkapazität (Batterie) 27
Mischtrichter 29
Mischungsverhältnis 28
Motorabdeckung 75
Motor, Auswahl 11
-befestigung 30, 31
-block 76
-durchspülen 68
-einfahren 35

Motoren, preiswerte	10
Motorhaube	98
-instrumente	27
Motorisierung, empfohlene	12
Motorkauf	7
-reiniger	74
-ständer	68
— über Bord	93
-wahl nach Bootstyp	11
Muttern, Sicherung	90
Nasenkolben	102
Nennleistung	19, 20
—, wirtschaftliche	12
Niederspannungs-Magnetzündung	112
Normalbelastung	37
-schaft	17
Notfall	95
-maschine (Motoryacht)	50
-reparatur	92, 95
-start	88
Oberer Totpunkt	100
Öl, für Kraftstoff	29
Öleinspritzung	29, 99
-wechsel	73
Oxydation	61
Packung	84
Pflege	60
—, laufende	61
-mittel	72, 91
Pleuel	100
Preisvergleich	9
Primärstrom	112
Primer	75
Probefahrt	18
Propeller, allgemein	108
—, Angelleine im	86, 87
-Bezeichnung	108
-leistung	19
—, Luft im	43
-maße	108
—, Reserve	38
—, richtiger	37, 40
-schaden	85
—, Standard	38
-wechsel	86, 87
-, Wirkungsgrad	38
PS-Bezeichnungen	19
Querspülung	102

Rauchentwicklung	57
Reibungswiderstand	39
Reparatur	76
Reservepropeller	38, 85, 87, 91
-tank	22
Rutschkupplung	87
Schacht für Motor	48
Schaftlager	98
-stellung	30
Schalten	32, 35
Schaltung	110
Scherstift	86, 91
Schiebersteuerung	102
Schlitzsteuerung	102
Schlupf	108
Schlüssel	92
Schmiermittel an Bord	91
Schraubensicherung	90
Schwimmer	80, 80
-ventil, prüfen	79
Schwingmetalle	109
Schwungrad-Magnetzündung	112
Seemannschaft mit Motor	50
Seilstarter	36
-defekte	88
Seilsteuerung	110
Sekundärwicklung	112
Sicherheitsausrüstung	26
-schalter	26
Slip	108
Sonderwerkzeuge	76, 93
Sorgleine	30, 31
Spezifischer Verbrauch	21
Spezifisches Gewicht (Brennstoff)	21
Sprühöl	71, 72
Spülqualität	106
-verfahren	102
Standardpropeller	38
Starten, richtig	36
Start, erster	31
Starterdefekte	88
Startfreudigkeit	107
-schwierigkeiten	52
— von Hand	36
Stauen, auf Segelbooten	49
Steigung (Prop)	108
Steuerpinne	98
Stoppknopf	26
-schalter	35, 98
Stoßdämpfer	86
Stromspule	112
Synchronisation der Zündung	45

Tank auf Segelbooten	25	Verbrennungskreislauf	100
-druck	82	Verdichten	100
Tankgröße	22	Verdichtungshub	101
Tanks, eingebaute	22, 23	Vergaseraufbau	81
–, Plazierung der	24, 25	-einstellung	44, 45
–, tragbare	22, 23	– (Ersatzteile)	91
Testbecken	18	–, Prinzip	104, 104
Testen, selbst	42	–, verschiedene	81
Thermostat	106	Vibrationsmesser	37, 41
–, defekter	84	Vollgasdrehzahl	58
Transistorzündung	114	-Intervalle	35
Transport	46, 46	Vorpumpen	33
-wagen	68	Vorpumpball	82, 103
Treibstoffanschluß	98		
-system	103	Wärmewert	62, 64
-verbrauch	21	Wartung	60
Triebwerk	100	Wasserskizug	16
– reinigen	68	Wendegetriebe	110
Trimmfahrt	39	Wendekreise	43
-flosse	98	Werkzeug	91
Trimmstellung, -winkel	38	Widerstand des Bootes	39
Trommelstarter	88	Winterlager	61, 66
Überhitzungsschutz	107		
Überholung (Winter)	66	Zittern des Motors	55
Übermotorisiert	16	Zubehör	27
-strömkanal	100	Zündanlage	112, 114
Umkehrspülung	102	-funkenprüfung	63
Unterbrecherkontakte	112	-kerzen	62, 63, 91
Unterdruckleitung	79	-kerzen-Wärmewert	64, 65
Unterer Totpunkt	100	-synchronisation	45
Untermotorisiert	16	Zündung, kontaktlose	114
Untersetzung (Getriebe)	10	–, konventionelle	112
Unwucht (Prop)	85	–, Vergleich	114
		Zündzeitpunkt	100
Verbandskasten	26	Zwei-Hebelschaltung	110
Verbolzen	31	Zweitakt-Prinzip	101
Verbrauch	21	Zylinder	100

Hans Donat

Mehr Meilen mit weniger Sprit

Dieses Buch möchte die sinnlosen und fast unsichtbaren Energieverluste beim Fahren bewußt machen und helfen, sie so weit wie möglich zu reduzieren. Alle Faktoren, die diesem Ziel dienen, hat der bekannte Autor übersichtlich und der Reihe nach aufgegriffen und behandelt: Die richtige Einschätzung des Bootes, die Optimierung des Propellers, die Betriebsbedingungen des Motors und ihre zuverlässigen Kontrollen, die rechtzeitige Wartung der Antriebsanlage, die Sorge um einen unbeschädigten Propeller, den richtigen Trimm des Bootes.

Unterstützt von zahlreichen Tabellen und Diagrammen ist das Buch auch für technische Laien verständlich. Es ist keine theoretische Abhandlung, sondern eine praktische Anleitung, ohne Leistungsverluste billiger und mit weniger Sprit mehr Meilen zu fahren.

144 Seiten mit über 100 Fotos, Zeichnungen und Tabellen

Umrechnungszahlen für

Kilowatt [kW] in Pferdestärken [PS]

kW	0	1	2	3	4	5	6	7	8	9	kW
0	0	1,36	2,72	4,08	5,44	6,80	8,16	9,52	10,88	12,24	0
10	13,60	14,96	16,32	17,67	19,03	20,39	21,75	23,11	24,47	25,83	10
20	27,19	28,55	29,91	31,27	32,63	33,99	35,35	36,71	38,07	39,43	20
30	40,49	42,15	43,51	44,87	46,23	47,59	48,95	50,31	51,66	53,02	30
40	54,38	55,74	57,10	58,46	59,82	61,18	62,54	63,90	65,26	66,62	40
50	67,98	69,34	70,70	72,06	73,42	74,78	76,14	77,50	78,86	80,22	50
60	81,58	82,94	84,30	85,65	87,01	88,37	89,73	91,09	92,45	93,81	60
70	95,17	96,53	97,89	99,25	100,61	101,97	103,33	104,69	106,05	107,41	70
80	108,77	110,13	111,49	112,85	114,21	115,57	116,93	118,29	119,64	121,00	80
90	122,36	123,72	125,08	126,44	127,80	129,16	130,52	131,88	133,24	134,60	90
100	135,96	137,32	138,68	140,04	141,40	142,76	144,12	145,48	146,84	148,20	100

Umrechnungszahlen für

Pferdestärken [PS] in Kilowatt [kW]

PS	0	1	2	3	4	5	6	7	8	9	PS
0	0	0,74	1,47	2,21	2,94	3,68	4,41	5,15	5,88	6,62	0
10	7,36	8,09	8,83	9,56	10,30	11,03	11,77	12,50	13,24	13,97	10
20	14,71	15,45	16,18	16,92	17,65	18,39	19,12	19,86	20,59	21,33	20
30	22,07	22,80	23,54	24,27	25,01	25,74	26,48	27,21	27,95	28,86	30
40	29,42	30,16	30,89	31,63	32,36	33,10	33,83	34,57	35,30	36,04	40
50	36,78	37,51	38,25	38,98	39,72	40,45	41,19	41,92	42,66	43,39	50
60	44,13	44,87	45,60	46,34	47,07	47,81	48,54	49,28	50,01	50,75	60
70	51,49	52,22	52,96	53,69	54,43	55,16	55,90	56,63	57,37	58,10	70
80	58,84	59,58	60,31	61,05	61,78	62,52	63,25	63,99	64,72	65,46	80
90	66,19	66,93	67,67	68,40	69,14	69,87	70,61	71,34	72,08	72,81	90
100	73,55	74,29	75,02	75,76	76,49	77,23	77,96	78,70	79,43	80,17	100

Tabelle zur Umrechnung der Leistung. Beispiele zur Umrechnung sind grau einge zeichnet. Senkrecht 10er, horizontal 1er.
kW → PS: 74 kW = 100,61 PS, **PS → kW:** 96 PS = 70,61 kW

Hans Donat

Bootsmotoren – Diesel und Benzin

Kaufen – fahren – pflegen – reparieren

Der erfahrene Autor legt hier das Gegenstück zu seinem Buch über die Außenborder vor. In ihm geht es um Hilfe beim Kaufen, Fahren und Warten von eingebauten Otto- und Dieselmotoren. Benzin oder Diesel? Luft- oder Wasserkühlung? Leistungsvergleich, das Umrüsten zu einem Bootsmotor, die verschiedenen Antriebsarten, Fahrweise und Lebensdauer, Leitung vom Tank zum Speedometer, der Verbrauch, der Wartungsplan, das Konservieren, Reparaturen, Bordwerkzeug, Ersatzteile – das sind einige Themen dieses nützlichen Buches. Viele Zeichnungen, Schaubilder und Graphiken in allen Kapiteln ergänzen den Text und machen die Technik verständlich.

192 Seiten mit 95 z. T. ganzseitigen Zeichnungen und Graphiken sowie 19 Tabellen.